SEEKING TRUTH

• 我心中的 •

求是大先生

（第二辑）

陈宝梁 徐洁 马东方

主编

ZHEJIANG UNIVERSITY PRESS

浙江大学出版社

· 杭州 ·

图书在版编目（CIP）数据

我心中的求是大先生. 第二辑 / 陈宝梁，徐洁，马东方主编. -- 杭州：浙江大学出版社，2024. 12.

ISBN 978-7-308-25452-6

Ⅰ. G645.16-53

中国国家版本馆CIP数据核字第2024J8X299号

我心中的求是大先生（第二辑）

陈宝梁　徐洁　马东方　主编

策划编辑	吴伟伟	
责任编辑	马一萍	
责任校对	陈逸行	
封面设计	米　兰	
出版发行	浙江大学出版社	
	（杭州天目山路148号　邮政编码：310007）	
	（网址：http://www.zjupress.com）	
排　　版	浙江大千时代文化传媒有限公司	
印　　刷	杭州宏雅印刷有限公司	
开　　本	787mm×1092mm　1/16	
印　　张	13.25	
字　　数	222千	
版 印 次	2024年12月第1版　2024年12月第1次印刷	
书　　号	ISBN 978-7-308-25452-6	
定　　价	78.00元	

再序

在求是大先生的精神引领下奋力续写荣光

第一辑《我心中的求是大先生》出版至今已有两年，其间这本书广受欢迎，并于2023年10月进行了第二次印刷。我作为主编之一，十分欣喜，这本书的畅销再一次印证了彼时我们编纂此书的初心：让更多生动鲜活的求是大先生形象跃然纸上、沁润心田。这本书的畅销也鼓舞着我们接续挖掘身边典型，传递榜样的力量。

人无精神则不立，国无精神则不强。习近平总书记在2024年召开的全国教育大会上指出，要实施教育家精神铸魂强师行动。在浙江大学绵延百年、波澜壮阔的办学历程中，涌现出的教育大家、育人良匠不胜枚举，每一位求是先贤都是一座精神丰碑。他们在教书育人过程中留下的宝贵精神财富，恰是值得我们深入学习践行，不断发扬光大的教育家精神的缩影。他们的事迹应该被铭记、推崇和效仿，为他们著书立传是求是后人诚挚敬意的朴素表达，每一次回望，都是一次有关信仰的传承。

先生之风，山高水长。如今，《我心中的求是大先生（第二辑）》即将面市，细心的读者可能会发现，新书中除了颂声载道、德高望重的大国良师外，也不乏锐意进取、勇担重任的新时代的教育工作者。一个时代有一个时代的英雄，站在巨人的肩膀上，看得更高、更远的同时，我们也要将目光转向身边的榜样。他们或许素其位而行，但却育人于无形；他们或许只闪烁萤火之光，但却能照亮求学者的前行之路；他们被学生热爱，被同行认可，被社会需要。将他们的科教育人经验悉数记录在书中，对于他们而言是肯定，也是鞭策，对于发挥典型示范作用而言，是"蓬生麻中，不扶自直"的择善而从，是"以人为镜，可以明得失"的见贤思齐，更应该是"青，取之于蓝，而青于蓝"的后生可畏。

　　真诚希望该书的出版，能够让更多有志之士体会精神的力量，看见教育的希望，激励更多科教工作者在争做新时代大先生的百花园内群芳竞艳，大有作为。

王韬明

2024 年 12 月于求是园

序

灿若星辰求是人　行为世范大先生

育才造士，为国之本。浙江大学历来鸾翔凤集，人文荟萃，在127年的不懈奋斗中培养造就了一大批公忠坚毅的大先生。他们信仰坚定、淡泊名利，他们艰苦朴素、坚忍不拔，他们甘为人梯、奖掖后学，他们在中华民族的奋进征程中熔铸成巍峨高耸、顶天立地的民族脊梁。

翻开这本《我心中的求是大先生》，我们能够感受到辛勤耕耘、奉献家国的求是先贤们的魅力和风采，一篇篇用毕生心血诠释求是精神的生动故事引人入胜。合上书页，我的心中久久不能平静，众多鲜活的形象依然浮现于脑海：几近失明的姜亮夫先生一生潜心教学与研究，常年戴着啤酒瓶底般厚的眼镜，只能是以人就书凭着笔画轮廓认读文字，写就了27部专著和近百篇论文，在敦煌学、声韵学、楚辞学等研究领域堪称大师；一手夹讲义包一手牵羊的"牧羊教授"王淦昌先生为了祖国的核事业隐姓埋名十七载。"中国可以没有人叫'王淦昌'，但不能没有'两弹一星'；中国可以没有诺贝尔奖，但不能没有大国核盾。"先生朴实而坚定的话语掷地有声，时至今日仍然能够启鉴后人。

这样的故事还有很多。在不同时代、不同境遇和不同经历中，那些或众所周知或鲜为人知的求是大先生都在散发着自己的光和热，丰富着浙大鲜明磅礴的精神谱系，赓续着浙大弦歌不辍的求是根脉。求是大先生们奠定了浙江大学作为国内乃至国际知名学府的历史底蕴、综合实力和学术声誉，也为学校迈向更为远大的征程提供了不竭的精神动力与力量源泉，是学校最为宝贵的财富。

今日之浙大，正沿着习近平总书记指引的方向，奋力在建设中国特色世界一流大学中"走在前列"，坚定不移地将师生摆在办学的中心位置，坚守"尊德性、道问学"的优良传统，努力在培根铸魂、立德树人的生动实践中锻造更多"信念坚定、师德高尚、业务精良"的大先生。

本书收录诸多在校师生及各届校友亲绘的心中求是大先生形象，恰有登高而招、求是传承的重要意义，亦旨在进一步弘扬浙大人树我邦国的家国情怀、天下来同的人类关怀、海纳江河的胸怀格局、求是创新的精神特质、追求卓越的光荣传统，勉励更多大先生在中国式现代化的奋进征程上肩负更大的使命，续写"以天下为己任、以真理为依归"的发展新篇。

是为序。

任少波

2022 年 9 月于求是园

目 录

人物名片

马一浮（1883—1967），字一浮，别号湛翁，浙江绍兴人，诗人、书法家、中国现代思想家和教育家。浙江大学教授，浙江大学校歌《大不自多》的词作者。曾任浙江文史研究馆馆长、中央文史研究馆副馆长、全国政协委员会特邀代表。与梁漱溟、熊十力合称为"现代三圣"（或"新儒家三圣"）。周恩来总理曾赞誉他为"中国当代理学大师"。他不仅是国学的集大成者，更是将马克思的《资本论》引入中国的先行者，为中国的思想进步和社会发展做出了贡献。在浙江大学任教期间，他在传授知识的同时注重品德教育和思想启迪，以其博大精深的学术功底和独特的人格魅力，培养了求是园中一代又一代的优秀学子。

为学为事墨香浸润，
求是园中诗意相遇

马一浮

　　每个人的一生中都有一段极度渴望思想自由的时光，那是成长的标志，但也有不可避免的彷徨。在那个时期，我不懂得如何建立起自己的精神世界，只能徜徉在书海里寻找生命的意义与人生的答案，一点一点地构建自己的认知，而在追寻的过程中，便不得不提到一位对我影响至深的大师——马一浮先生。高中时期，有缘拜读过他的一些著作，我明白了读书之终极目的在于明理践性，尽力成就圣贤人格。

　　马一浮先生认为，读书之道，约而言之，有四门：一曰通而不局；二曰精而不杂；三曰密而不烦；四曰专而不固。四种读书法，用他的话解释便是"不局不杂，知类也；不烦不固，知要也。类者，辨其流别，博之事也。要者，综其指归，约之事也。读书之道尽于此矣"。由此开阔心胸、通晓天下之理后所延伸出的新思想便是一切文化学术之根本。因此，他反复强调中国文化、哲学的根本精神在于"发明自心之义理",并说:"须知教相多门,各有分齐,语其宗极,唯是一心。从上圣贤,唯有指归自己一路是真血脉。"[①]在学习阅读中国哲学经典之时,需先了解中土先哲的思想要义,本其体验所得以为说,不必执着于门户派系之争,正所谓"大量者用之即同,小机者执之即异"。读者应当明了"总从一性起用,机见差别,因有多途",故而以"向内求己"的认知,追寻哲学之思。

《尔雅台答问》书影

墨旅西风:责任的觉醒与蜕变

在 19 世纪末的中国,一位青年学者在浙江这个历史悠久、文化底蕴深厚且学术气息浓厚的地方开始了他的学术之旅。

马一浮先生出身于学问世家,自幼接受严格的传统教育。在十六岁那年,他参加了县试,并高中榜首。似乎冥冥之中命运就在暗示未来他在学术上的潜力和造诣。

彼时中国正面临着前所未有的挑战。马一浮作为一个深受传统教育影响的年轻学者,开始感受到国家命运正在走向沉重的时刻,进而对国家的未来和民族的命运进行了深刻的思考。

1902 年,这位才华横溢的年轻人踏上了前往美国求学的旅程。这次留学之旅不仅拓展了他的学术视野,更是他爱国情怀的觉醒之旅。在美国,马一浮先生接触到了与东方文化截然不同的西方文化和学术思想。他积极吸收西方的哲学、

---

① 马一浮. 尔雅台答问 [M]. 南京:江苏教育出版社,2005.

政治学、经济学和社会学等学术成果。在这一过程中，他对比了中西文化和社会制度的差异，更加清晰地认识到了中国所面临的挑战。他原以为美国是文明、民主的，然而却发现那里也是野蛮而专权的。特别使他不能忍受的是美国人对华人的歧视，他曾经在日记中写道："美人定华商赴会，须人纳500金圆，呈保书证明实系赴会，乃许入境，既到会所，则不得出会场一步，且西人之上等俱乐部概不许入，出会场者即按例收捕，送返中国，当处以流罪。"在美国社会生活的这段经历让他的思想发生了显著转变。一方面，他对西方的学术成就和社会制度表示赞赏；但另一方面，他也因清朝政府的腐败、中国人民尚未觉醒而受到西方列强欺侮，深感中国传统文化思想落后带来的危机和民族未来发展所面临的挑战。

马一浮先生入境美国的档案

文化和思想的碰撞，激发了他对于国家未来和民族命运的深刻思考。

由此，他开始思考如何结合中国的实际情况，吸收西方的先进思想，以促进中国的现代化进程。这一段在美国求学的经历不仅充实了他的学术背景，更重要的是强化了他对知识的渴望、对真理的追求和对社会责任的认识，成为他一生学术追求的重要驱动力。

隐居湖畔：33 年潜心修学坚守

1905 年，马一浮先生回到祖国，面对着纷繁复杂的社会现实，基于个人的学术追求，他做出了一个意义深远的决定——隐居于杭州西子湖畔。这一选择，不仅是对当时社会动荡的回避，更是一种对学术深入研究的渴望。在宁静的环境中，马一浮先生得以远离世俗的干扰，专心于他的学术研究，一直到 1937 年。除了于 1912 年短暂地在民国教育部任秘书长，并亲历了蔡元培主持的教育改革外，马一浮先生的生活都极为简朴。这场教育改革引起社会轩然大波，对马一浮先生而言，是一次传统学问与现代教育思想碰撞的深思。他对废经问题的反思不仅体现了他的学术独立性，也映照出他对于传统教育价值的坚守。往后他便几乎与外界隔绝，只为能够静下心来进行深入的思考和研究。他将大部分时间投入儒学经典的研究中，对四书五经等儒家经典进行了深入的阅读和思考，试图在这些古老的文本中寻找到对人生和宇宙更深层次的解释，以及解决当时中国问题的答案。

马一浮先生在西湖边

西湖边的马一浮纪念馆

1938年10月，马一浮先生（左）抵达宜山

智慧之光：乱世中承担育人使命

随着时间的指针缓缓转至 1938 年，在国家存亡的关键时刻，马一浮先生的生命轨迹再次与历史的洪流相汇。他的学术旅程，从西子湖畔的静谧居所，转向了充满变数的浙江大学的"文军长征"。

这一年，马一浮先生应浙江大学校长竺可桢之邀，随浙江大学辗转于江西泰和、广西宜山，为浙江大学师生开设"国学讲座"，成为西迁中浙大师生的一处心灵港湾。抗日战争全面爆发后，许多知识分子怀揣报国之心，在这个特殊的时期为国家贡献自己的所有力量，马一浮先生也是其中之一。他打破"平生杜门""未尝聚讲"（《泰和宜山会语·卷端题识》）的守则，出山讲学。关于开设这个讲座，他说："其意义在使诸生于吾国固有之学术得一明了认识，然后可以发扬天赋之知能，不受环境之陷溺，对自己完成人格，对国家社会乃可以担当大事。"（《泰和会语》）而后又拈出宋代大哲学家张载的四句话——"为天地立心，为生民立命，为往圣继绝学，为万世开太平"来教学生立志，希望国家的未来"竖起脊梁，

1938 年 5 月，马一浮（前排右五）等教师在泰和浙大图书馆前

猛著精彩"，"养成刚大之资，乃可以济蹇难"（《横渠四句教》）。他的教诲让我洞悉人生真正的智慧源自对知识的深入探索和个人品德的不断锤炼。

在这段特殊时期，马一浮先生的国学讲座不仅传授了知识，更成为人们的精神支柱。他的《泰和会语》与《宜山会语》不仅记录了当时的讲座内容，更反映出他对知识传承和文化继承的深刻思考，每一篇章、每一字句都凝聚了他的智慧和心血。难以忘怀的岁月里留下的不光是如今代代相传的经典著作，还有浙大师生们口口传唱的校歌《大不自多》，歌词中处处透露着他对浙大的情深意切和对万千未来学子的殷切教诲。那句"树我邦国，天下来同"，不仅是对浙大精神的歌颂，更是给知识分子坚守和奋斗的赞歌，是浙江大学历史上宝贵的文化遗产。

探究六艺：思考文化融合与教育革新

走进马一浮先生在浙大讲学期间的学术思想殿堂，首先映入眼帘的便是马一浮先生深入探讨的"六艺论"。要知道，在中国古代的学术传统中，六艺——礼、乐、射、御、书、数——不仅是教育的基础，更是文化精神的核心。马一浮先生对六艺的理解和阐述，展现了他对中国传统学问的深入理解和对现代教育的深刻洞察，同时也是他对国学的一种楷定，认为国学即为六艺之学。

他系统地阐述了"六艺论"，认为六艺是统摄一切学术的基础。在他的眼中，六艺不仅仅是古代教育的六项技艺，而且包含了道德、哲学、政治、艺术等诸多领域，无论是儒家、道家、法家还是墨家，都可以在六艺的范畴中找到它们的根源和发展路径。此外，六艺对四部经典——经、史、子、集，也有着深刻的影响和统摄作用。此外，诸子学、西学、现代学术都可以纳入六艺之学的范畴。所以，在马一浮先生的思想体系中，六艺不仅是具体的学术内容，更是道德修养和人文精神的象征。学习礼仪、音乐、射箭、驾驭、书写和数学，个体不仅可以获得知识和技能，更可以培养个人的道德品质。

在面对传统与现代的冲突和融合时，马一浮先生对六艺也进行了现代化阐释。简而言之，"自然科学可统于易，社会科学（人文科学）可统于春秋"，"文学

《泰和宜山会语》书影

艺术统于诗乐，政治法律经济统于书礼"。换一个角度说，西方学术文化无非统摄于真、善、美三种价值观，这也都包含于六艺之中："诗书是至善，礼乐是至美，易春秋是至真。"总而言之，"全部人类之心灵，其所表现者不能离乎六艺也；全部人类之生活，其所演变者不能外乎六艺也"。世界无论是在空间上还是在时间上，"更无有一事一理能出于六艺之外者"，"世界人类一切文化最后之归宿，必归于六艺"。他尝试在保持六艺传统精神的基础上，构建起一座连接传统文化与现代社会的桥梁，探索其在现代社会的应用与发展。而今，现代教育体系中虽然不再直接采用古代的六艺模式，但其精神内核——全面发展、道德教育、智慧培养，依然是教育改革的重要参考。马一浮先生将六艺与一心相结合的观点，不仅提升了我们对古代教育的认识，更为我们今天如何进行教育和文化的传承与创新提供了宝贵的思想资源。在这个知识爆炸、文化多元的时代，其仍然具有重要的现实意义和深远的思想价值。与此同时，六艺的思想也启示着我们，在快速变

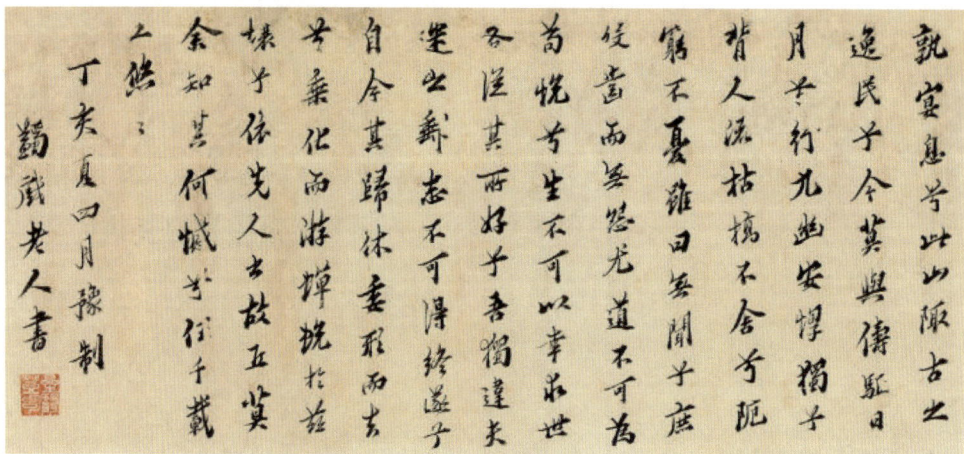

马一浮先生的书作

化的现代社会中，如何平衡技术、技能的培养与人文素养的提升，如何在全球化的背景下保持和传承民族文化的特色，这是我们每个人需要迫切思考的时代之问。

终章颂歌：浙大里的求是星辰

马一浮先生为现代儒家学派的发展和儒家传统的传承做出了重要贡献，他对后世的影响绝不仅仅局限于浙江大学，他的学术成就和思想理念对当代儒学研究产生了深远的影响。其研究成果被广泛传播，激发了无数学者对儒家思想的思考和研究。他的影响力也延伸到了教育界，启发了许多教育家探索和创新教育理念与实践方式。最后，我想说：在求是园中，马一浮先生的形象犹如一座高耸的灯塔，照亮每一个追求知识和真理的学子的求学之路。他的精神，如清泉一般，滋润着浙大师生的心田；他的智慧，如明星一般，指引着我们前进的方向；他的贡献，深深地烙印在我们的心中，激励着我们在学术的道路上，坚持不懈，永远向前。

在求是园中，我们怀念马一浮先生，他的学识和智慧，如盛开的鲜花，散发着迷人的芬芳；他的人格和品质，如高山流水，巍巍汤汤。他的影响超越了时代，他的教诲激励着一代又一代的学子，成就了无数的辉煌。他的一生，是浙江大学崇高的象征；他的精神，是浙大师生永恒的追求。

在求是园中，我们继承马一浮先生的遗志，传承他的学术传统和思想理念。在对学术的追求中，我们坚守儒家的道德伦理，追求卓越和真理的光芒。我们以马一浮先生为楷模，秉持他的精神，追求真理、坚持道德，为党育人、为国育才。让我们铭记马一浮先生的教诲，将他的思想理念融入我们的学习和工作生活中，努力成为新时代的大先生。

马一浮先生，您的贡献和影响我们将永远铭记在心中。您的智慧和品德如同求是园中最耀眼的明星，永远指引着我们前进的

马一浮先生雕像（位于浙江省文史研究馆）

方向。让我们怀揣着马一浮先生的智慧和品质，怀揣着对真理和道德的追求，怀揣着对教育、科研事业的热忱和奉献精神，继续在求是园中砥砺前行。让我们以马一浮先生的精神为座右铭，书写出浙大新的辉煌，铸就出更加美好的未来。马一浮先生，您是我们心中永恒的求是大先生！

作者简介

席瑞，2020—2024 年为浙江大学计算机科学与技术学院科研外事科科员，现为南京农业大学博士生。

人物名片

贝时璋（1903—2009），浙江镇海人，中国共产党党员，实验生物学家、细胞生物学家、生物物理学家和教育家。1955年被选聘为中国科学院学部委员（院士）。曾任浙江大学教授、生物系系主任、理学院院长，中国科学院实验生物研究所、北京实验生物研究所、生物物理研究所所长，中国科学技术大学生物物理系系主任，中国生物物理学会理事长、名誉理事长。他以"学科交叉"理念创建浙江大学生物系、中国科学院生物物理研究所和中国科学技术大学生物物理系，是"细胞重建学说"创立人，我国细胞学和胚胎学的创始人之一，生物物理学的奠基人和开拓者。

深谙为人治学育人
之道的科学巨擘

贝时璋

作为浙江大学生命科学学院的学子，贝时璋先生在我心中一直是"未见先生人，确承先生恩"的存在。初识贝先生，他是新生开学典礼上灿若星辰的浙大人，而后千百次"相遇"，他是生科院入楼即可见的院士"第一人"。每每与贝先生相望，我都感到无比亲切，作为浙大生物系创始人，贝先生的事迹也一直感化和激励着一代代生命科学专业学子。印象比较深的是大四一次偶然的机遇，我负责对贝先生的生平做一个较为全面的调研。在调研完成后，面对这样一位深谙为人治学育人之道的科学巨擘，我空有万分崇敬之心却怎么也想不出一个合适的词句来概括他的一生。时至今日，有幸借"求是大先生"之名，填补我当年未决之困惑，可以说，大先生之美誉，贝时璋先生确实是当之无愧的。

早年求学：潜心研学　胸怀祖国

贝时璋出生于浙江省镇海县（今镇海区）北乡憩桥，这是一个靠近海边的小镇。贝时璋 8 岁时上了乡间的小学学堂。12 岁时，父亲带他到汉口，进了德国人办的一所中学——德华学校。除国文、历史、地理和一年级的德文由中国老师讲授外，其他课程都由德国老师用德语教授。学校不讲宗教，不问政治，管理严格，主要是灌输理科方面的知识。在此期间，贝时璋借阅了很多德文的理科书籍，收获了不少理科的启蒙知识。

1919 年春，贝时璋报考了上海同济医工专门学校（同济大学前身）。学校采用的是注重实际和培养学生自主研究能力的德国教育模式，使用德国原版教材。贝时璋先插班进入德文科的最高年级——四年级，一个学期之后直接升入医预科。

医预科学制两年，主要学习医学和自然科学课程。让他印象最深、受益最多的是鲍克斯德（Paukstat）老师的解剖学课。从此，他对形态学产生了浓厚的兴趣。

1921 年夏，18 岁的贝时璋从医预科毕业。在求学的道路上，他"一路小跑"，连连跳级，以四年小学、四年半中学和两年预科，共计十年半时间，拿到了大学预科文凭。毕业后，虽然家境艰难，父母却全力支持，他留学德国的梦想变为现实。

在德国，他先后在弗赖堡大学和慕尼黑大学各学习一年，1923 年转到图宾根大学动物学系学习。在图宾根大学期间，贝时璋在德国著名教授 J.W. 哈姆斯（J.W. Harms）的指导下对醋虫的生活周期、各个发育阶段的变化、细胞常数、再生等进行研究，并完成了两篇论文。其中第二篇是贝时璋的博士论文，题为"醋虫（Anguilluinaacei Ehrbg）生活周期的各阶段及其受实验形态的影响"。1928 年，该文章发表后，成为当时动物胚胎发育和细胞分化研究领域系统研究线虫生活周期的一篇重要论文。

那个时代还没有显微照相设备，贝时璋实验用的只是一般的光学显微镜（徕茨目镜和物镜，筒长 152mm，最高放大倍数为 1440）。贝时璋在共 51 页的博士论文中给出的 80 张实验观察到的显微图，都是他借助绘图工具手工绘制的，那些显微图既是精准的科学图像，也堪称艺术之作。

1927 年，贝时璋在图宾根大学动物学系实验室工作

1928 年 3 月 1 日，贝时璋顺利通过论文答辩，获得图宾根大学自然科学博士学位，其后他留在图宾根大学动物学系任第三助教。1921—1929 年，他学习六年半，工作一年半，在德国一共待了八年。作为一个科学工作者，他获得了知识，学会了研究方法和实验技术，掌握了学术思想，具备了开展研究工作的经验和能力，同时也形成了自己的作风。学习刻苦、工作细心、谦虚谨慎，这是他的本色，也是中华民族的传统；同时，德国人闻名世界的特点，如条理清晰、秩序井然，以及多做少说，也对他产生了很大的影响 [1][2]。

1929 年秋，贝时璋放弃了德国优厚的工作条件和待遇，毅然决定回到磨难重重的祖国，为国效力。

---

[1]　苗长青.贝时璋：爱国科学家的不凡人生 [J].党史文汇，2009（12）：4-11.

[2]　王谷岩.贝时璋先生小传 [J].生物化学与生物物理进展，2003，30（5）：686-688.

德国图宾根大学授予贝时璋的博士学位荣誉证书

任教浙大：严谨治学 铸魂育人

1930 年，浙江大学决定创办生物系，并聘任贝时璋为系主任、副教授。

浙江大学分给贝时璋三间房。贝时璋将一间作为工作室，一间作为实验室，一间作为卧室，就这样，浙江大学生物系办起来了。浙大生物系成立后，贝时璋先后开设并讲授了普通生物学、普通动物学、组织学、胚胎学、比较解剖学、遗传学、动物生理学等课程。招收研究生后，又开设了形态发生学和发生生理学等课程。

贝时璋讲课有一绝——右手写板书的同时，用左手画图，令人惊叹不已。他一般会用自己绘制的图片讲课，这些图片既标准又精美，堪称艺术品。他的课堂内容翔实，条理清晰，分析透彻，深入浅出，让学生终生难忘。学生们回忆说：听贝老师讲课，是一种艺术享受。

贝时璋在从事繁重的行政和教学工作的同时，对研究工作也丝毫没有放松。他漫长一生中最重要的研究项目——细胞重建学说，就是从这一时期开始的。[①]

---

① 樊洪业. 贝时璋的第 32 号院士徽章 [J]. 中国科技史杂志，2014，35（1）：85-86.

贝时璋初到浙大任教时

1937年7月，日本发动全面侵华战争，浙江大学被迫西迁，辗转迁徙，历经艰辛，于1940年1月到达贵州，先后在遵义、湄潭、永兴等地坚持办学，直至1945年抗战胜利。

在浙大西迁途中，在日军飞机的狂轰滥炸下，贝时璋始终没有停止自己的教学和研究工作。他把系里的各种仪器、资料看得比自家的财产都重要，做了精心保护，一路上坚持利用一切零碎时间，用显微镜观察实验过程并绘图。1939年2月5日，敌机在广西宜山标营浙大校舍投弹118枚，学校损失惨重，然而就在当天晚上，在断壁残垣中，贝时璋照常给学生上课。

到达贵州以后，抗战进入相持阶段，局势相对稳定，浙大的教学、研究工作逐步走上正轨。这一时期，贝时璋的研究工作也逐步深入，相继发表了一批重要的论文，如1942年发表了《南京丰年虫的二倍体中间性》，1943年发表了《卵黄粒与细胞之重建》和《丰年虫中间性生殖细胞的转变》，等等。

1944年10月，英国生物化学家、科学史学家李约瑟曾到贵州湄潭参观浙江大学，并特别参观了贝时璋、罗宗洛和谈家桢三位教授的实验室。回到英国后，他发表文章盛赞浙大是"东方的剑桥"。

1948年3月，45岁的贝时璋当选中央研究院第一届院士，1949年兼任浙江大学理学院院长。辛勤耕耘20年，1950年，当他调往中国科学院时，浙江大学生物学系已是名师云集，人才辈出，闻名全国。

钻研科学：敢为人先　为国奉献

1932年春，贝时璋在杭州松木场稻田的水沟里观察到甲壳类动物丰年虫的中间性，并发现在其性转变过程中生殖细胞的奇异变化，即细胞解体和细胞重建

1950 年，浙江大学生物学系师生庆贺贝时璋（前排左四）在浙江大学从教 20 年

的现象。基于对细胞重建更为深入和广泛的研究，他证明了细胞重建是普遍现象，只要存在组成细胞的物质基础，具备合适的环境条件，就有可能发生细胞核重建和细胞重建，从而提出了"细胞重建学说"，向传统细胞学说发起挑战。

细胞重建是贝时璋最重要的研究工作，他和他的团队以"细胞重建——细胞起源的缩影"为题对细胞重建研究的科学意义进行了理论总结。

贝时璋指出："在地球的发展过程中，总会有那么一个时期，生命由比较原始的非细胞形态进化为细胞形态，绝不会是一有生命就出现细胞那样复杂的形态，细胞不可能没有历史。生命在大自然中的这一段发展历史，称为细胞起源，细胞重建可能是地球上细胞起源过程的缩影。这样的提法是否恰当，尚待商讨。然而，如果认为细胞分裂是细胞繁殖增生的唯一途径，就不能了解细胞在地球上是如何起源和进化的。相反，通过对细胞重建的深入研究，弄清细胞一步一步地自组织

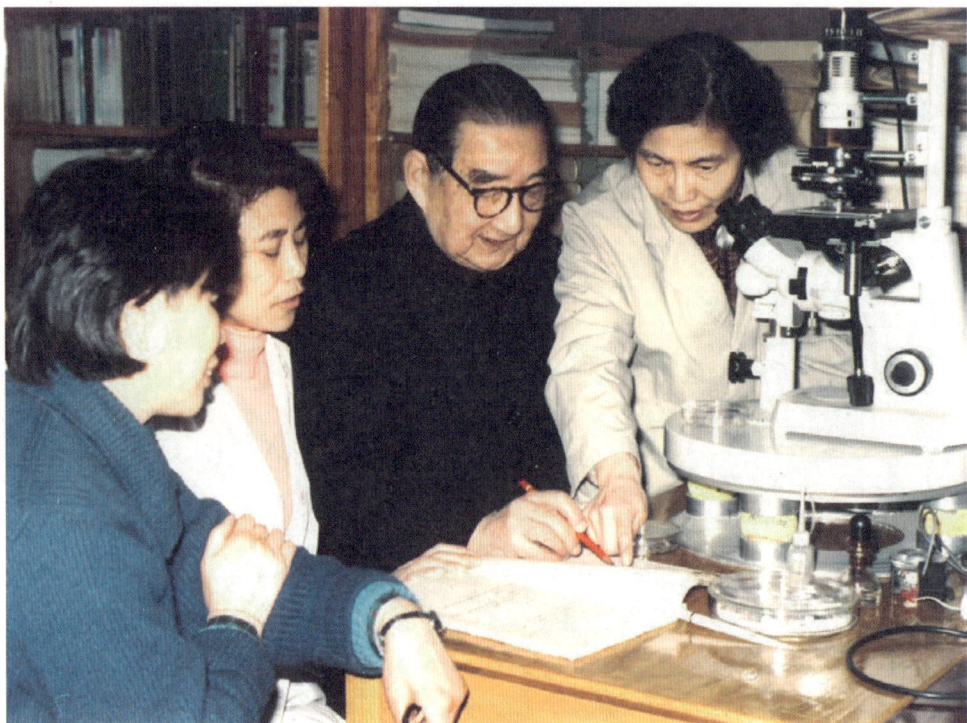

1984 年，贝时璋与研究人员讨论细胞重建的实验结果

的过程，就能对地球上细胞怎样起源、怎样发展等问题有所理解，进而对它进行模拟。"[1]

新中国成立之初，中央决定建立中国科学院。中国科学院成立前及成立后的最初半年时间里，贝时璋多次往返于杭州、上海与北京之间，参与了中国科学院生物学研究所，尤其是实验生物研究所的调整与建立，并于 1950 年出任实验生物研究所所长。1955 年他被选聘为首批中国科学院学部委员（院士）。

1953 年，中国科学院学习苏联的一个重要措施是派遣访苏代表团，贝时璋是代表团成员之一。他们的主要任务是了解和学习苏联如何组织领导科学研究工作，并就中苏两国科学合作问题交换意见。代表团的这次访问对发展我国科学事业起到了重要推动作用。

---

① 赵南明，沈恂，沈钧贤. 勇于创新 执着追求 科学巨擘 学人楷模——学习贝时璋先生治学做人的高尚品德 [J]. 生物物理学报，2003，19（3）：227-233.

贝时璋（右）参加学术报告会

　　1958 年，秉持学科交叉的创新理念，贝时璋主持并创建了生物物理研究所。
这是当时世界上少数几个生物物理学专业研究机构之一，它的建立标志着生物物
理学作为一门独立的学科在中国正式形成。1958—1983 年，贝时璋担任所长期间，
他坚持学科交叉发展生物学，为研究所制定了"服从国家需要、理论联系实际和
赶超世界先进水平"的办所方针，开拓了我国的放射生物学和宇宙生物学研究，
指导了我国核爆炸动物远后期辐射效应研究和我国第一批生物火箭的动物搭载实
验等重大研究项目，为我国载人航天事业奠定了基础，在学科发展、人才培养和
研究成果方面都取得了辉煌的成就，为国家经济建设做出了重要贡献。[①]

　　贝时璋的一生，始终将自己的科学理想与国家的发展需求融合在一起，正如
他在自己的入党申请书中写道："只有坚决地、有效地进行改革，才能推动科学
技术的迅速发展。我们科研机构也是一样，只有奋勇直前、不怕艰难险阻、坚持
不懈地努力，才能不断出好成果、出好人才，不断创造新的生产力，不断兴起技

---

①　贝时璋院士生平 [J]. 生物化学与生物物理进展，2009，36（11）：3-5.

1953 年，贝时璋（右）在苏联访问时留影

1961 年，贝时璋在生物物理研究所做学术报告

只有坚决地、有效地进行改革，才能推动科学技术的迅速发展。我们科研机构也是一样，只有奋勇直前、不怕艰难险阻、坚持不懈地努力，才能不断出好成果、出好人才，不断创造新的生产力，不断兴起技术革新，促使我国科学技术进入世界的前列。

贝时璋的入党申请书

术革新，促使我国科学技术进入世界的前列。"[1]

退而不休：鞠躬尽瘁　淡泊名利

1983 年 12 月，80 岁高龄的贝时璋辞去了担任 25 年之久的中国科学院生物物理研究所所长的职务，但他并没有真正退休，而是依旧在家中开展大量的实验研究，并且坚持参加学术交流和社会活动，发表自己对科学事业发展的意见和看法。

92 岁以后，贝时璋不再去单位了，但他指导年轻学者的热情不减，书房成了课堂。他会在每个星期三邀请一些专家、学者到他家里来一起讨论科学问题。他思维敏捷，谈吐清晰，精神矍铄，走路不需人搀扶，生活完全自理，衣服、袜子都是自己洗。他自己总结，这些都得益于四个方面：淡泊名利，宽厚待人，适

---

[1]　应幼梅. 贝时璋教授 [J]. 生物化学与生物物理进展，1993，20（4）：245-248.

当运动，注意营养。

生活中，贝时璋十分简朴。踏进贝时璋的家，从房子、家具、电器到他的用品陈列都相当简单，甚至可以说有些简陋，大家觉得与他的身份不相符合，但他却习以为常。特别典型的是，他长年拎的一只公文包，这只公文包寿命已超过半个世纪，式样陈旧，还打过不少补丁，但他包里放的外文资料却是最新的。贝先生不是没有换新的公文包的经济条件，相反，作为中国生物物理学的奠基人、"国宝"级科学家，国家给他的各种优厚的补助、津贴和他自己的稿费、工资加起来数量是很可观的，用它建立一个现代化的家庭，过上比较富裕的生活，是绰绰有余的。可是，他的心思并不在这里，他所感兴趣的是将那些多余的钱用来资助贫困学生或捐赠给灾区。①

贝时璋全家福

---

① 孟兰英."钻石博士"贝时璋[J].今日浙江，2008（7）：56-57.

高龄的贝时璋仍坚持工作

　　而在搞学问上，贝先生却从来不甘人后，始终瞄准最高目标，永远向学问比他大的人看齐。他常说，"学问要看胜似我的，生活要看不如我的"，"业精于勤，行成于思"。[1]他一辈子钻研学问，不肯松懈，勇于创新，不断建树，年过百岁还在继续对他所建立的"细胞重建学说"以及与之相关的重要生命科学课题进行不懈的研究。2009年度诺贝尔奖公布之后，贝先生心情很不平静，他对我国科学创新问题陷入了深刻的思考之中。就在逝世前一天，即10月28日的上午，贝时璋院士还召集了6位研究人员一起讨论在已有的创新课题基础上继续努力工作的问题，并语重心长地鼓励大家"我们要为国家争气"，这使在场的研究人员深受感动和鼓舞。

　　贝时璋说："一个真正的科学家，是忠于科学、热爱科学的；他热爱科学，

---

① 孟兰英."钻石博士"贝时璋[J].今日浙江，2008（7）：56-57.

不是为名为利，而是求知识、爱真理，为国家做贡献，为人民谋福利。"求真务实，言传身教，砥志爱国，贝时璋一生秉持科学家精神，树立了求是大先生之典范。

作者简介

陈玉澜，浙江大学生命科学学院 2021 级研究生，博士三年级在读。

人物名片

夏志斌（1921—2017），浙江嘉兴人，民盟盟员，浙江大学教授，中国钢结构协会资深专家，钢结构学科创始人，享受国务院政府特殊津贴专家。讲授"钢结构"及相关课程四十余年，包括"结构稳定理论""开口薄壁杆件"等。编著出版的《钢结构——原理与设计》被列为高等教育土建学科专业"十二五"规划教材和高校土木工程专业规划教材。参与制定我国第一部正式颁布施行的《钢结构设计规范》（TJ 17—74）。主持、修订了《钢结构设计规范》（GBJ 17—88）和《钢结构设计规范》（GB 50017—2003）。

一代名师、
现代钢结构开拓者

夏志斌

　　2021 年浙江大学建筑工程学院为纪念夏志斌先生诞辰 100 周年，举行了隆重的纪念活动和学术报告会。来自全国高等院校、科研院所与勘察设计单位的院士、教授、专家、师生代表和夏先生的家属以及企业家等 200 多人怀着无比崇敬的心情出席了纪念活动，他们追念夏先生的杰出贡献，学习夏先生的优秀品德，传承夏先生的崇高精神。

　　夏志斌先生于 1939 年在浙大西迁路上考入浙大土木系，毕业后留校任教。他在浙大求学、工作和生活了 78 年，为浙大土木系和我国钢结构学科的发展奉献了毕生精力，是一位深受学生尊敬、爱戴的名师。他探索出一套完整的钢结构教学方法，并以条理清晰、逻辑严密、演讲生动的授课艺术，让很多同学喜爱上了"钢结构"这门课。夏先生讲授的系列课程有"钢结构""开口薄壁杆件""结构稳定理论"等。他著书立说，出版了《钢结构原理》《钢结构》《钢结构设计——

浙江大学党委书记任少波参加夏志斌先生百年诞辰纪念陈列展揭幕仪式

《习坎示教土木情——夏志斌先生百年诞辰纪念集》首发式

方法与例题》《钢结构——原理与设计》等著作。

夏先生秉持求是精神，在钢结构领域守正创新，孜孜不倦、精益求精，树立了崇高的学术地位和威望。他承担了我国首部钢结构设计规范国家标准中有关钢梁整体稳定的专题研究，并以主要起草人之一（排第二）的身份参与该规范的修订工作。当年夏先生接受修订任务时已年逾花甲，但他不辞辛苦，奔波于各合作单位，同编写组参考了大量的国外钢结构规范，共同拟订总则，确定基本设计规定等细则，直至圆满完成任务。这部大型的《钢结构设计规范》于1992年获得冶金工业部科技进步奖一等奖，1995年获国家科技进步奖三等奖。中国钢结构协会专家委员会授予夏先生钢结构终身成就奖和资深专家荣誉。夏先生获此殊荣当之无愧。

夏先生是我国钢结构事业的主要开拓者和学术带头人，曾长期担任中国钢结构设计规范修订组的技术组长。2001年12月初，已80岁高龄的夏先生到北京参加《钢结构设计规范》（GB 50017—2003）审定会。会议气氛十分活跃，与会人员讨论非常热烈，不同观点针锋相对时，最后往往是夏先生拍板下定论。夏先生举重若轻的大家风范及其在钢结构领域的崇高学术地位和威望可见一斑。

一

1947年春，浙大学生会主席于子三带领全校学生投入"反饥饿、反内战、反迫害"的大游行中，开展爱国民主运动，同国民党反动派顽强斗争。10月，于子三被国民党秘密杀害于监狱，壮烈牺牲。夏先生的思想与行为因此深受影响。解放后，他热爱新中国，坚决拥护中国共产党的领导。1952年，高校教师开展思想改造学习，夏先生经常带头发言，剖析自己的思想，以切身经历作例子剖析新旧社会的差距，立誓做一名合格的人民教师，为新中国的教育事业做贡献。同年，夏先生经由时任浙大副校长李寿恒教授和土木系共产党员教师杨锡龄推荐，加入了中国民主同盟（简称民盟），之后历任民盟浙大主任委员，民盟浙江省副主任委员，民盟浙江省名誉副主任委员，浙江省第五、第六届人大代表，政协浙

1983 年 10 月，夏志斌先生（前排右二）参加《钢结构设计规范》修订工作会议时的合影

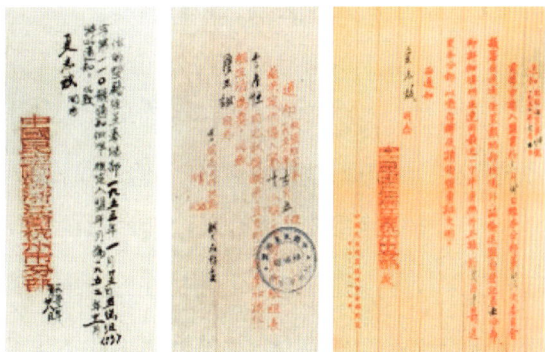

夏志斌先生 1952 年入盟通知书

夏志斌先生（前排右一）与民盟中央主席费孝通（前排左四）等专家共同参加座谈会并合影

江省第六届委员会常委等职。夏先生在党的领导下，为爱国统一战线工作做出了重大贡献。

二

    1952 年，经教育部与浙江省政府批准，浙大开始筹建新校区，并计划将位于老城区大学路的校区也迁移到西湖区玉泉老和山山麓。这个决策，任务重大且时间紧迫，由时任校长刘丹亲自挂帅。新校区总图规划设计请了苏联专家指导与制定，土建施工由国营的浙建公司承担，全部校舍设计由土木系教师负责。系领导立即组织有经验、有能力的老师加入设计小组，夏先生负责房屋结构设计施工图的审核，何鸣岐先生承担房屋的建筑设计并亲自绘制施工图。1954 年夏，第一学生宿舍楼终于落成竣工，验收合格并交付使用。同年秋季，首批土木系师生迁入玉泉校区。此时教学大楼仍在建造中，宿舍楼同时用作教室。那天，校园中传来爆竹声，土木系师生在老和山下迎来了浙大具有历史意义的开学日，成为第一批进入新教室上课的师生。夏、何两位先生为新校区建设立下汗马功劳，得到了学校的表彰。

三

20世纪50年代，国内还没有钢结构学科和教材，夏先生就亲自编写油印本《钢结构》讲义，为浙大土木系开创了"钢结构"学科。夏先生一生热爱教育事业，精心培育人才。他在培养学生的过程中，非常注重发挥学生的主观能动性和创新精神，擅长采用启发式的教学方法，让学生在潜移默化中学到知识。许多听过夏先生讲课的人都对他的授课风格钦佩不已。他讲课时声音洪亮，条理清晰，思路

夏志斌先生（左二）在指导学生

敏捷，能把握好重点，让学生真正领略了教授的风采，在校内外得到了广泛赞誉。

　　夏先生总是告诫学生，在阅读文献和资料时，对一些结论性内容，应深入分析和思考，切忌盲从；对一些正确的结论和内容，则应力求深入掌握；如果发现尚有未解决的问题或存在一些疑问，就应深入研讨问题，促使自己去解决和完善它，这一过程中就有可能有所创新，进而取得新成果。

四

　　1978年，大学刚恢复招生，教育和科研也才开始复苏，由于长期缺乏对外交流，夏先生的钢结构研究工作几乎从零开始。同时，实验设备也非常简陋，只有几台电阻应变仪和几个位移检测器，用两个液压加载装置加载，所有的试验过程和数据都需用手工测量和记录。在钢梁的整体稳定试验中，各个加载阶段测试

张显杰（后排左三）毕业论文答辩后与夏志斌（右一）、曾国熙、李恩良、唐锦春等在结构实验室外合影

的数据较多，需要记录各个测试点的应变、垂直和侧向位移，以及加载情况。试验钢梁整体稳定的最大挑战在于侧向屈曲一般是突然发生的，几乎没有任何前兆，这就给试验的测试、记录和加载带来很大的困难。张显杰作为钢结构的第一批研究生，跟随夏先生从事钢梁研究工作并参与了钢结构设计规范的研究和修订。第一次试验时，在加载的过程中，钢梁突然侧向屈曲，张显杰和团队成员不但无法记录破坏过程中的各项数据，而且连破坏载荷也无法准确测定。夏先生不但亲自参与了试验，还带着学生一起讨论试验情况，总结经验和教训。当他们建议应预计一下破坏荷载时，夏先生鼓励大家从机理上搞懂屈曲破坏。在夏先生的指导和鼓励下，他们开发出整体稳定的计算机模型，并且用计算机去模拟试验过程，指导加载和测试。这样不但顺利地进行了各种试验，而且为后来的钢梁整体稳定的理论开发和计算机仿真提供了很好的帮助。更重要的是，他们学到了实事求是地去针对、分析和处理问题的工作方法。

五

"钢结构"历来被认为是专业课中最难学的一门课，特别是变截面吊车梁的设计，它要用到影响线、双向弯曲、应力集中、重复应力与疲劳、局部稳定、冲击力影响等理论力学和材料力学知识。学生们不仅要学习吊车梁知识，如几级工作制、最大最小轮压、软钩吊车与硬钩吊车等对设计参数的影响，以及有关施工影响如焊接变形、放样下料安装误差等对设计产品质量的影响等；还要了解吊车梁受力分析对整个结构和地基基础最不利内力分析的关系。然而，夏先生可以由浅入深、有条不紊地一一给学生们介绍这一切，并布置例题作为他们的作业。不少学生都高兴地说，现在我们学会了吊车梁设计，这样以后学桥梁设计就容易了。

很多学生听了夏先生的课后，不但消除了对"钢结构"这门课的恐惧，而且对钢结构产生了亲近感和兴趣。虽已过去了近60年，但有些学生至今还记得夏先生在教学中反复强调的话，"设计和学习都一样，首先要打好理论基础，才能弄清基本概念；其次要理清条理，从宏观着眼再步步深入到微观入手"。夏先生

夏志斌先生主要著作封面一览

在教授学生专业理论知识的同时，还会介绍一些新技术，以开拓他们的思路。例如当时他就介绍了有关预应力钢结构和组合结构的概念，使学生开阔了眼界。

夏先生在"结构塑性理论"课上，采用全英文版教材《结构塑性理论》（*Theory of the Plasticity*）授课，他不照本宣科，而是要求研究生自学后分别讲解不同章节，再展开讨论分析。学生经常因为对教材内容理解不同而争论不休，每次讨论的气氛总是十分热烈，最后通过夏先生深入浅出的分析讲解，学生很快便能正确理解相关概念，掌握相关内容。这种别具一格的教学方式充分调动了学生学习的主观能动性，有利于学生深刻理解课程内容，得到了学生的一致认可。

夏先生为研究生讲授的"结构稳定理论"，实际上是一门比较枯燥且高深的数学力学课程，但在他的讲解下，课堂内容生动风趣，引人入胜。夏先生讲课一般不带讲稿，内容全在他的脑子里，上课时全凭记忆讲述，采用启发式的教学方法。学生回忆说："听他的课不但是一种科学上的熏陶，更是一种艺术上的享受。"

六

夏先生关心学生的成长，不只停留在课堂上，还包括未来发展。

滕锦光是1979级建筑结构工程专业本科学生，现为香港理工大学校长、中国科学院院士。滕锦光本科毕业后成为由夏先生代招的教育部公派出国留学预备生，计划研究方向为钢梁的侧扭屈曲。作为出国预备生，尽管他在夏先生的课题组没有具体的科研任务，但是夏先生对他的学习仍然非常关心，除了督促他不断提高英语能力、阅读相关的学术论文，还安排了姚祖恩老师教他编程，并在暑期让他参加了一项试验研究工作。在滕锦光当时无法赴美留学的情况下，夏先生建

滕锦光院士出差至杭州专程看望夏志斌先生及师母

议他到悉尼大学师从钢结构稳定领域的著名专家特拉哈尔（Trahair）教授。滕锦光常说："夏先生是我学术道路上的第一位指路人，夏先生的指导和关怀，为我出国后的学习打下了良好的基础，也对我的一生成就产生了深远的影响，夏先生是我永远的人生楷模。"

七

1983 年 3 月下旬，夏先生负责的科研项目"钢梁整体稳定研究"在冶金工业部北京钢铁设计研究总院结题验收，项目研究成果成为《钢结构设计规范》（GBJ 17—88）的重要内容。夏先生认为这是研究生难得的专业学习机会，就带了赵滇生等几位研究生参加会议。这些学生都是第一次到首都北京，自然十分激动。办好入住招待所的手续后，夏先生专门带他们绕招待所周边走了一大圈，还不断提醒他们记住标志性建筑，免得外出后回去找不到招待所。虽然是小事，但充分体现了夏先生对学生无微不至的关怀和爱护。

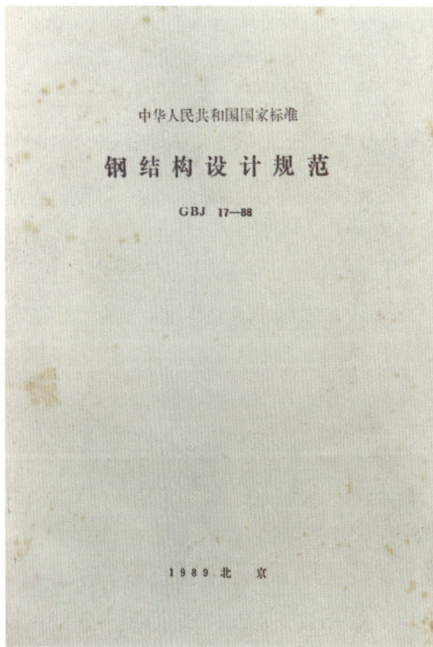

中华人民共和国国家标准

钢 结 构 设 计 规 范

GBJ 17—88

1989 北 京

《钢结构设计规范》（GBJ 17—88）

1985 年初，赵滇生开始撰写硕士学位论文，那时论文摘要需用打字机打印英文，其余文字则是手写，插图也是手工绘制在硫酸纸上再粘贴到论文上。论文每誊写一遍，就交给夏先生修改一次，尽管夏先生的视力已经不太好，但还是每一稿都逐字逐句地认真修改，每一稿都被夏先生修改得一片红，来回修改五次后，夏先生方才允许赵滇生定稿。在钢结构专业硕士研究生毕业论文答辩会上，身为答辩委员会主席的夏先生在从头至尾通读了每一篇论文后，一一指出学生们在推演过程中出现的纰漏。他诚

夏志斌先生（左一）与赵滇生（浙江工业大学建工学院原党委书记）合影

恳地说，一点小毛病不影响推理的结论，但会给今后的参阅者带来疑惑。夏先生一丝不苟的治学态度和严谨缜密的教学风度，像明灯一般照亮了一代学子前进的脚步。学高为师，身正为范，夏先生堪称一代名师，永远是学生学习的榜样。

作者简介

丁元新，1985 年毕业于浙江大学土木系，现为浙江大学建筑工程学院发展联络办公室主任。

（本文是作者根据夏先生部分同事和学生等回忆文章里的素材整理编辑而成）

人物名片

徐朔方（1923—2007），原名徐步奎，浙江东阳人。曾任浙江师范学院讲师、杭州大学教授、浙江大学教授、美国普林斯顿大学客座教授，国家古籍整理出版规划领导小组顾问、教育部全国高等院校古籍整理研究工作委员会委员、中国戏曲学会副会长、中国作家协会浙江分会顾问等职。荣获首届全国优秀戏剧理论著作奖，全国优秀古籍图书奖一等奖，教育部中国高校人文社会科学研究优秀成果奖二等奖，浙江省哲学社会科学优秀成果奖一等奖、突出学术贡献奖等国家、省部级学术奖励30余项。有《晚明曲家年谱》《明代文学史》《汤显祖评传》等著作存世。

清风留古道，
春雨忆初阳

徐朔方

我国著名的中国古代文学研究专家、浙江大学文学院教授徐朔方先生于
2007 年 2 月 17 日下午与世长辞。在告别仪式上，我撰了一副挽联："绛帐清风
留古道，青衿凄雨忆初阳。"联语未工，但记录了师从先生的点点滴滴，也表达
了我在先生逝世后的伤悼之情。作为他 20 多年的学生，爰作此文，通过几个片断，
感怀先生的教诲之恩，抒发对先生的深切思念。

"听不懂" 的课

初识徐先生，是在我大学二年级。记得当时徐先生给我们上古代文学基础课，
主讲两汉魏晋文学。当时徐先生年近六旬，虽然白发萧萧，但脸色红润，精神矍铄，
身材不高却敦实。徐先生进得课堂，没拿什么讲义，只是带着《古代文学作品选》
和几张写满字的纸片，没有什么客套，兀自就开讲了。他的嗓音清亮而略显尖锐。

年轻时的徐朔方

已经不记得徐先生当时上课的具体内容了。说实在的，当时我就没有听懂徐先生的课。这固然与我的鲁钝有关，不过确实有不少同学与我有相同的感受，认为徐先生的课"听不懂"。徐先生上课，并不像一般老师那样从时代背景、作家生平介绍开始，然后是作品串讲，进而是思想与艺术分析，最后讲历史地位和文学影响。这是我们熟悉的文学史的授课方式，久之习以为常，觉得文学史就是这样的讲法。但徐先生不是这样。记得他讲《史记》，对于教科书上已经系统介绍的司马迁的生平、思想，他没有重复讲述，只是简单带过，接着就讲作品。而讲作品，也不是逐句解释，大凡书中注释详尽的地方，他就略过不讲；而没有注释和注释不确切的地方，徐先生或作补充，或为纠谬。与后来读到的徐先生的学术论文思维缜密、文采华滋不一样，徐先生上课并不追求耸人听闻的效果，即使是一些极有独到见解的观点，也要言不烦，点到即止。

要听懂徐先生的课，得有充分的课前准备，必须对所讲内容有相当的了解，至少应该大致浏览过教材，这样才能领略徐先生揭示问题的眼光、解决疑难的慧心。这是我后来慢慢体会到的。但在当时，习惯了让老师牵着鼻子走的我们，面对徐先生这样看似略无边际、不成系统的讲解，真有点丈二和尚摸不着头脑。但是也有一些同学十分喜欢徐先生的课，认为听这样的课，可以得到很多启发。到了期中，徐先生安排了一次测试，结果班里几乎有一半同学不及格，我的成绩也很糟，但少数几个同学却得了高分。下半学期，我逐渐适应了徐先生的讲课方式，知道了一点读书的方法，也略窥徐先生治学的门径，才算品到了徐先生课的味道。

我本科毕业后留校任教，后来在职成为徐先生的博士研究生。在闲谈自己的治学道路时，先生提到，当年他考进浙大师范学院中文系，在听了一位教授连原文带注释照本宣科讲解《庄子·逍遥游》的课后，他产生了与《牡丹亭》的女主人公相同的感受：依注解书，学生自会。就不愿再在中文系了，转学到了英文系，直到毕业。听了徐先生的这番话，我才领会当初徐先生给我们上课时的良苦用心。"授人以鱼，不如授人以渔"，尤其是大学教育，关键是培养学生的学习能力和思考能力。我报考博士复试时，徐先生对我说了一番话："我看过你写的一些文章，总的来说，文字功底还不错，表达还算清通，但思想深度方面不够。要不断给自己提出新的学术目标和要求，要超越自己。"此后，无论是修读课程还是确定博士学位论文选题，徐先生都针对我的弱点，有意识地增加这方面的训练。跟徐先生读博士，随时感到有巨大的压力。他的课程，常常会布置一些具体的问题，要求学生自己去查找资料，独立思考，写出文章。其实，这时候徐先生自己对此问题已经做了研究，并写成了论文。他会指点材料的范围，通过什么途径去收集，重点思考什么问题，但不会事先告诉学生他的研究结果。这样做，就是要我们经历研究的全过程，而不是简单接受现成的结论。我们学生提出的观点，常常与徐先生不一样，他就与我们辩论，引导我们研究得深入。有的时候，双方都不接受彼此的观点，徐先生也从不将自己的结论强加给学生。这样的授课方式，对学生研究能力的提高十分有效，并让学生养成了无证不信、实事求是的治学态度。

行走的"课堂"

"徐老师有一个毛病让我很难过，就是酷爱走路。在杭大时，他经常来到我的房间谈谈，他不喜欢坐着谈，不喜欢空调，最讨厌老专家楼的沙发，夏天十分钟、冬天三十分钟过后，他就会说：'在外面走着谈谈吧'。我们从西溪路走到黄龙公园，走了一个小时左右。各位知道，徐老师谈的内容很丰富，但表达很简要，而且还带有一点儿家乡东阳的口音，像我这样的外国人，坐着面对面谈也不容易理解，徐老师走着谈话，我把全身变成耳朵，拼命努力听他的话，总有不少部分听不懂。回到专家楼，满身是汗，累得要死。对当时的我来说，西溪路到黄龙公园这一段路，是我的大学院，世界上教育最严厉的大学院。"

这是日本神奈川大学铃木阳一教授在庆祝徐先生从事教学和科研55周年学术研讨会上的发言，他的话引发会场一阵会心的笑声。凡是徐先生的弟子，都会

"庆祝徐朔方教授从事教学和科研 55 周年暨明代文学国际学术研讨会" 与会代表合影留念（摄于 2001 年 10 月）

有相同的感受。徐先生认为繁重的学术研究工作需要有充沛的体力支撑，因此十分注重身体锻炼，夏天游泳，冬天跑步，到了 70 多岁，出门还骑车。给研究生上课，他喜欢边走边谈。徐先生招收的研究生数量很少，因为他出的专业考卷很独特，内容范围宽，问题角度不拘一格，几乎没办法通过常规的考前准备来应付，更不要说临时突击背书本，只有靠平时阅读积累，加上一定的独立思考能力，才能勉强通过。考徐先生的研究生难，是出了名的，很多考生知难而退，尽管应试的仍不少，能列门墙者还是寥寥。学校有关职能部门曾经向徐先生委婉提出降低考试难度，但徐先生照样我行我素，坚持宁缺毋滥。

因为及门弟子不多，徐先生也就不在教室正襟危坐地授课，而采用讨论的形式，通常是让学生定期去他家，讨论他事先布置的课题。但这样的讨论课一般总会从他家的客厅开始，在他的家门口结束。那时候徐先生的家在道古桥的杭大新村，等到二三个学生到齐，他开个头，一般不超过半小时，就会提议出门边走边谈。通常的路线是沿杭大路到宝石山下，再拾级而上，直到山顶的初阳台，稍作盘桓即下山，有时是原道返回，有时会过紫云洞、黄龙洞而返，等走到徐先生家门口，大约已经过了一个多小时，这一堂课也算结束了。

在徐先生看来，读书做学问，外在环境并不是很重要，关键是自己能否坚持。在"文化大革命"中，图书馆、资料室"门虽设而常关"，徐先生不能正常进行小说戏曲的研究，就想到"借《史记》和《汉书》的研读，也许可能做一点有益于人的事"。因为他手头有开明版的"二十五史"，研究《史》《汉》无待外求。徐先生谦称自己只是把小学生的加减法运用到了文史研究中，把《史记》和《汉书》内容重叠或其他可以对比的部分，逐一比勘，详细列出两书的异同，分析探究其中蕴含的曲折原因和文化信息。在许多学人专业荒废的十年间，徐先生写成了《史汉论稿》一书。此书的研究方法和治学态度，对于当时好发空论甚至歪曲史实的恶劣学风来说，无疑是一种无言的抗争和有力的反拨。

有一次徐先生问研究生有什么困难，那位学生随口说，早晨宿舍楼外的学生广播站太吵了。徐先生想了一下，说：图书馆线装书部的门外，有一张长桌子，很安静，可以看书。又有一次，徐先生90多岁高龄的老母亲因骨折住院，需要有人抬着去拍片检查，几个学生赶去帮忙。学生到医院时，离约定时间还有十多分钟，徐先生当时正站在病房门边，手持一卷线装书看得入神。见学生来了，赶紧说："对不起，医生说可能还要晚几分钟，你们带书了没有？"这话让几个学生面面相觑，因为谁也没想到带书本去。凡此种种，言传身教，令学生终身难忘。

徐先生博览群书，但自己的藏书并不算太多。一方面因为他所读的书、需要的资料不是寻常书肆上能够购得的；另一方面，他认为书要为我所用，要不然即使家中坐拥书城，也不过是摆个虚架子。他的工作地点常常是图书馆，到外地出差开会，他也要尽量挤出时间去当地图书馆访书；对于自己没办法找到的资料，就托朋友千方百计查找。他也常常到学生、同事家里借书。有一段时间，我家也在道古桥，离徐先生住处不远，那时候徐先生体力已衰，腿脚不便，已经几番摔倒受伤。但他还是坚持走路，好几次独自爬楼梯登上三楼到我家，为的是借书。每当听到他那清亮的嗓音喊着我的名字，打开门看到他颤颤巍巍地站在面前，我

徐朔方教授和最初几届招收的博士生廖可斌（右一）、楼含松（左一）、周明初（左二）在一起（摄于1995年6月）

总是又惊又愧，一来担心他走路不稳，发生意外；二来看他在这样的身体状况下还坚持学术研究，除了钦佩，只有惭愧了。我每次和他说，只要打个电话，他需要什么，我马上可以送上门去。但他总是呵呵笑着回答：不麻烦你！

"我不同意你的观点"

20世纪80年代前后的杭州大学中文系，老一辈著名学者胡士莹、夏承焘、王驾吾诸先生，先后驾鹤西去。徐先生是中文系承前启后的重要学者，加上他本人学术造诣高，为人坦诚，在中文系具有极高的威信。但徐先生也是一个看上去不容易接近的人。我大学毕业后留在系里任教，当时徐先生正应邀去美国普林斯顿大学做客座教授。等他回国，我怀着忐忑的心情登门谒见，因为他是我们古代文学教研室的主任，还没见过我这个新助教。但徐先生听我说明来意后，马上说：

"我已经不当教研室主任了，因此你不必向我汇报。"听了徐先生如此直接的回答，我一时竟不知道该说什么好。

这就是徐先生的直率。他从不客套，说话率真，不假辞色。在徐先生家，我经常遇到这样的情形：正在与徐先生讨论学术问题的时候，有人敲门，徐先生总是快步走到门前，打开一条缝，问来人有什么事？不管是熟人还是生客，只要没特别重要的事情，徐先生一般不会让人进门，就隔着纱门，简单将事情说完，道声再见，随手就将门关了。徐先生平素喜走路，路上遇见相识，往往也是微笑点头而已，很少会停下他那急促的脚步与人寒暄。这就是徐先生的风格，中文系的师生都知道他的脾气，也就见怪不怪了。

在学术研究上，徐先生同样表现出鲜明的个性，那就是"特立独行"。他在学术界崭露头角，是1956年关于《琵琶记》的大讨论。那一年的4月8日，他在《光明日报》副刊发表《<琵琶记>是怎样的一个戏曲》一文，在肯定这个剧本在中国戏曲史上的重要地位以及对后世戏剧创作有深远影响的同时，着重指出它的基本倾向是宣扬封建道德的。同年夏天，中国戏剧家协会邀请首都文艺界、戏剧界人士以及上海、广州、杭州、重庆、青岛、长沙、武汉等地的专家学者，在北京召开了一次大规模的《琵琶记》讨论会。会议从6月28日开始到7月23日结束，共进行了7场讨论，所有发言和会议记录汇集成书，由人民文学出版社于当年12月出版。前两场讨论中，所有发言基本上都对《琵琶记》持肯定态度。徐先生应邀于7月初赴会，参加了第三场及以后的讨论。他重申了自己的基本观点，并作了更加细致的分析。他的发言在会上引起强烈反响。一大批很有声望的学者都反对徐先生的观点，其中包括他的老师王季思教授。作为一名33岁的青年讲师，徐先生坚持自己的观点，与持反对意见的学者进行了热烈的辩论。这种独立不倚、唯真是尚的学术胆识与勇气，贯穿了他的一生。徐先生是汤显祖研究的权威，晚年还发表过论文《汤显祖和梅毒》，有人劝他不要发表，以为有损汤显祖的清誉。但徐先生说："我有材料啊！"在他看来，对于了解那个时代的文人生活和社会风气，这样的文章自有其特殊的学术价值，而不必为尊者讳。

熟悉徐先生的人，经常会听到他说两句话："我不同意你的观点。""我不知道。"在学术问题上，徐先生决不苟同别人的观点，认为所有的观点和结论，都要经过事实的论证；他写文章也从不含糊其词，总是思维缜密，论证充分，观点鲜明；但凡自己没有把握的问题，他决不会强不知以为知，不作无根游谈。20世纪60年代初，徐先生完成《汤显祖诗文集编年笺校》并在《人民日报》上发表了该书的前言。出版社来信，说"中央负责同志"（实即当时的中宣部副部长周扬）看了之后不满意，要求修改。徐先生回信说自己只有重新研究以后才可以修改，怕他们急于出版，不能等待。出版社又来信说可以参考侯外庐（时任中国社会科学院历史研究所所长）最近发表的有关汤显祖的论文加以修改。徐先生读了侯外庐的论文后认为，他引用的汤显祖诗文，诠释理解往往违背原义，无法令人信服。于是徐先生写了论文对侯氏观点予以纠正，并告诉出版社，自己不能依照修改。徐先生的学术风骨，由此可见一斑。他在学校为庆祝他从事教学和科研55周年召开的学术会议上，笑称自己是个"捣乱分子"。这是徐先生特有的幽默，这种自我解嘲其实表露了他对自己学术个性的自信和坚持。徐先生对自己的学术研究从不自满，总是不断修改以至重写旧作。他晚年自我总结说："我不急于争辩，哪怕在几年以至几十年之后，我也要重申并完善我的论点。在《琵琶记》讨论之后30多年，我重又发表了《论琵琶记》和《高明年谱》。正如同1954年我在《新建设》杂志发表论文《马致远的杂剧》，37年后我又发表了同样题目的论文，50年代发表的论文《汤显祖和他的传奇》到1993年的专著《汤显祖评传》，1957年的《汤显祖年谱》到1993年收入《晚明曲家年谱》中的《汤显祖年谱》重写本都是同样的例子。"

其实徐先生是一位"望之俨然，即之也温"的学者，对于认真与他商榷学术问题的人，他都青眼有加，给予热情的回应。他待人真诚，因此也赢得别人的由衷尊敬。这里仅记两件小事。一是他的《史汉论稿》中关于司马迁生卒年份的考证，有一个附注："在讲授'史记研究'选修课时，陈南民同学在课堂作业中对司马迁生年提出一个极为直截了当的论证：如果司马迁生于汉武帝建元六年（前135），他就不可能出生在原籍龙门，那时他的父亲已经奉令迁居茂陵。这种政治性的迁居不允许只身来京，而把家属留在原籍。乐于补充并介绍如上。"这就是他对一位在校本科生的奖掖。

　　还有一件让我至今历历在目的往事：师母不幸病逝后，徐先生年事已高，孑然一身，他的生活令大家担忧。一天傍晚，我去看望先生，才走到门口，就看到中文系王元骧（林祥）教授手捧一碗热气腾腾的红烧鱼，特地送来给徐先生。王老师是徐先生在温州师范学院任教时的学生，当时也是年近七旬的老人了，而且也是孤身一人。王老师是著名的文学理论家，本不是徐先生的学术同行，但他多次在我面前提到徐先生对他的关心和帮助，表达对徐先生的崇敬之情。当时的场景令我十分感动：这碗红烧鱼，凝聚着半个多世纪的师生情谊啊！

作者简介

楼含松，浙江大学中国古代文学与文化研究所教授，受业于徐朔方先生，主要研究中国古代小说与戏曲。本文作于徐朔方先生归道山后一月。

人物名片

方瑞英（1931—2022），安徽歙县
忠堂人，中共党员。浙江大学药学院
药理学学科的奠基人和开拓者。1949
年考入浙江省立医学院药学系，1953
年毕业并留校任教。曾任浙江医科大
学药学系（现浙江大学药学院）副主
任、药理教研室主任，中国医学科学
院浙江分院药物研究所所长，浙江省
药学会副理事长。2021年被授予浙
江省药学会终身成就荣誉称号。

有为有守，
斯人不朽

方瑞英

当我首次踏入药理教研室的时候，总能听到师兄师姐提起一个老太太，说她对学生和年轻老师都非常严格，她会教你怎么样准备实验，怎么样备课，甚至教你怎么样擦桌子，事无巨细；她对大家非常照顾，关心年轻老师的职业发展、个人生活，甚至某个老师的牙齿问题都被记挂在她心上；在她眼里，只有每位老师生活美满、工作有奔头，教研室才能持续发展。每每谈及她的教诲和嘱托，他们的眼神里总是充满敬仰和崇拜。后来我知道了，她的名字，是方瑞英。她的一生，是见证新中国药学蓬勃发展的一生。

学慕前贤，潜心治学

1931 年 11 月，方瑞英先生出生于安徽歙县忠堂的一个中医世家。她的父亲方咏涛在看诊之余善于总结经验，经年累月，整理出的验方多达数十册。成长在这样的家庭环境中，方瑞英耳濡目染，对药理产生了浓厚兴趣。

如果我读药学，就可以研究父亲的这些验方，提取有效成分，使它成为单体，阐明作用机理，这是很有意义的探索工作。如果成功了，受益的人群就会多得多！

——方瑞英

怀揣一颗仁善之心的方瑞英决心放弃首先录取她的之江大学数理系，来到浙江省立医学院就读药学系，自此推开了药学的大门。

求学于 20 世纪五六十年代的那一代青年，生活、求学等各方面条件都极为拮据，"校园中间一所大礼堂，剩下的就是几栋平房，宿舍是年级混住的数十人一间，茅棚就是食堂兼大通铺"。然而，痛心国家深陷战乱、社会动荡不安的他们，顾不得自身生活的艰苦，迫切地希望通过所学专长救民于水火、济民于危难。那一代知识分子大多学贯中西，治学严谨。"校长黄鸣驹教授是留学德国的毒物化学专家；教'药物分析'的於达望教授和教'植物化学'的汪良寄教授都是留学日本的专家；教'药剂学'的顾学裘教授是留学英美的专家；教'生药学'的

方瑞英（后排左四）与同学们在老校门前合影

叶三多教授是留学法国的专家；教基础课'无机化学'的储镐教授是留学比利时的专家……""不怕条件差，只要有好老师，我们认真学，就一定能学好"。在众多药学领域德高望重的大先生的指引下，方瑞英逐渐掌握了扎实的专业知识，开始在药理学领域细研深耕，逐渐向身边的大先生靠拢。

1953 年，方瑞英毕业后留校任教，被分配到药理教研组，担任"生物检定与生物统计"课的教学工作，兼以参与指导药理实验课。潜心治学，躬身讲坛，这一干，就是 60 多年。

国之所需，吾志所向

新中国成立之初，祖国学术科研基础十分薄弱，毛主席发出"中国医药学是一个伟大的宝库，应当努力发掘，加以提高"的伟大号召。1973 年，停办多年的药学系恢复不久，方瑞英先生即主动响应号召，对地方上的中草药多次进行深度调研。在遂昌一个老农处获悉八角枫的根对无痛复位很有效后，她便带领团队克服重重困难，在无经费、无设备的条件下深入研究了八角枫在全国的分布、品种、有效部位及其药理作用，最终证明了八角枫碱作为肌松剂的临床应用。1978年，《中华医学杂志》刊登了《中药肌松剂八角枫碱临床应用》一文，科研成果"草药肌松剂八角枫的药理与临床研究"获卫生部及浙江省科委优秀科研成果奖，八角枫碱注射液自此进入了《中华人民共和国药典》。

1982 年，计划生育政策被定为国家的一项基本国策。方瑞英先生始终坚持做国家需要的事情，积极将研究方向转到了计划生育药物研究上。这一时期国家也陆续出台了一系列医药政策，但政策频频也会造成药物早期研究时准备的资料在申报时不适用。方瑞英凭借自身扎实的专业知识，积极投入新药创制，与时间赛跑，不断攻坚克难，适应新药政策。鉴于新药研究需要巨量资金，方瑞英先生创造性地建立了一整套与药企联合开发的新药研发新模式，相继开发出多种创新药，其中，国家级新药"十一酸睾酮"及其注射液被收入《中华人民共和国药典》。

2000 年，她研发的终止妊娠新药抗孕唑（DL111–IT）获得 1.1 类新药临床批件；2003 年，中药三类新药麦当乳通颗粒的研制开发获得了浙江省科技进步奖和中国专利优秀奖。

方瑞英先生在带领新药研究的历程中，培养了一支具有实战经验的队伍，使得浙江大学药学院在成立早期就开始科学规划创新药物的研发体系。浙江大学后来之所以能形成包括药物安全评价研究中心、创新医药研究院、智能创新药物研究院等在内的国内一流的新药创制体系，与方瑞英先生早年的远见卓识密不可分。

深谋远虑，启后承前

方瑞英先生是浙大药学发展史上应该被永远铭记的奠基人之一，她高瞻远瞩，看事情的视野之宽，分析问题的立意之高，让人佩服和感叹。

改革开放之后，国家出台了一系列重视教育和科研的政策、规划，方瑞英先生敏锐地预见未来药学的发展必然需要大量高层次人才，因此十年为一代地积极布局药学人才队伍。她敢于担当，勇于请命，不遗余力地为学院的人才培养创造有利的条件。1986 年，时任药学系副主任的方瑞英通过努力，为各教研室申请到世界银行专项贷款 70 万美元，购置了急需的进口教学仪器，还送几位教师出国考察，参加短期培训。这个项目使系里的科研、教学水平上了一个台阶，科研论文有了投向国外学术刊物、进行国际交流的可能。1991 年，她利用自己的科研资金和研发新药的成果资助三位青年教师（胡永洲、楼宜嘉、周慧君）赴中国科学院上海药物所攻读博士学位，让他们抓住了稍纵即逝的机遇。这些青年教师后来在浙江大学药学院发展中发挥了非常重要的作用，胡永洲教授成了浙江大学药学院的党委书记，楼宜嘉教授成了浙江大学药学院副院长。

高校的老师必须要有真本事。

——方瑞英

方瑞英倾囊相授，为祖国培育了大批优秀的药学人才。20世纪90年代，当时还是本科生的杨波［现为浙大城市学院副院长（主持工作）、党委副书记］在方瑞英的指导下进行了严格的科研训练。方先生悉心教导，后又推荐其去中国科学院上海药物研究所深造，待其博士毕业后，方瑞英又推荐其前往美国南加州大学进行为期三年的博士后训练。学成归来时，杨波得到了上海药物研究所的就职邀请，方先生对其说："上海药物研究所很强，少你一个没事，但这边缺不了你。"杨波教授便毅然决然地回到了浙江大学参与建设药学学科。在人才紧缺的时候，方瑞英先生仍然坚持"高校的老师必须要有真本事"的信念。在这期间，方瑞英先生也十分注重吸纳有科研热情的药学人才。何俏军（现任浙江大学医药学部副主任，曾任药学院党委副书记）在本科学习中脱颖而出，方先生积极邀请其担任研究室助教，同时也不断通过完整的科研训练体系提升他的能力，2002年又推荐其赴海外访学交流。何俏军归国后欣然接受方先生给他推荐的药学院教职，成为药学院后续发展的中流砥柱。

爱生如子，严慈相济

"温而厉，威而不猛，恭而安"是方瑞英工作时的写照。对于育人，方瑞英以德立身、以德立学、以德施教。她以身作则，严格要求自我，即便是日常打扫实验室卫生这种"小事"，她都会亲力亲为。她对于学术的钻研更是一丝不苟，学生向她提出自己粗浅的心得体会，方瑞英也会认真对待，毫不懈怠。她对于学生专业写作的要求很是严苛，常常叮嘱学生，写出东西后一定要反复推敲，认真修改，做学问一定要"文责自负"。

言者有意，听者有心，这些叮咛一直深深影响着后辈的求学处世。

不能学其一万，便学其万一。延续教泽的优秀人才已成长为祖国药学领域的

2012 年，方瑞英（前排右三）在浙江大学药学院校友分会理事会上与学生合影

中流砥柱。他们之中有杨波教授、何俏军教授等药学院骨干教师，邵荣光教授、郑伟教授、郑江教授等国内外知名专家学者，以及胡季强、张宇松等优秀企业家。89 级学生张宇松至今仍然忘不了方先生的谆谆教诲，当时的他毕业在即，对自己的前途感到非常迷茫，方先生告诉他一个人的成长需要从改变自身开始，指导他如何正确地对待工作，并推荐其前往浙江仙琚制药股份有限公司工作。在其成为普通工艺员后，方先生又经常在专业上给予其指导和关心，使他快速成长起来。张宇松相继担任了浙江仙琚制药股份有限公司产品开发办主任、车间技术主任、生产技术部部长、总经理助理、副总经理、总经理、董事长。在这一系列角色变换过程中，张宇松无不受到方先生的影响。对于每一个教过的学生，方先生都将他们视作自己的孩子，以真心感染他们。方先生严谨治学的作风、甘当人梯的奉献精神令人心生敬佩，与学生亦师亦友的关系也让人深深向往。

蔚然达观，润己泽人

方瑞英先生退休后，仍割舍不下学院的建设发展和人才培养事业。2012 年，在浙江大学药学院校友分会理事会上，方先生慷慨演讲，呼吁校友为学院发展出力。在她的感召和引领下，胡季强等一大批校友共同出资设立奖助学金。2018 年，在浙江大学 120 周年校庆之际，方瑞英先生怀着对母院的深厚情谊捐赠出自己多年的积蓄，带头成立了总额 230 万元的"方瑞英基金"。

在药学院百年院庆期间，方先生和其女儿方向明、女婿张维维共同创作《沁园春·浙药百年畅想》，对浙江大学药学院的美好未来展开了畅想：

浙药华辰，百岁沧桑，辗转路长。

历波折数度、坎坷艰辛；师生上下，共济同殇！

进取不息，回天逆境，浴火重生铸辉煌。

今回首，叹园丁奉献，荡气回肠！

今逢盛世国强，倡科技、兴全民健康。

聚名校资源，实力倍长，医药创新，引领风尚。

犹慰新潮，人才济济，启后承前建业忙。

不停步，望精英梯队，再谱新章。

上一代大先生为下一代大先生铺路搭桥。方瑞英先生曾说："历史的交接棒传到我们这一代人手中，唯有努力努力再努力，才能不负祖国的重托。"早已为后辈敬仰的大先生方瑞英以潜心治学为毕生事业，以培育后进为无上职责，以坚守家国情怀和共产主义为坚定信念，以实际行动锤炼培养堪当民族复兴重任的时代新人为责任担当。

亲其师，信其道。我们深切缅怀她的付出，弘扬她的风骨，感念她的厚德。

高风亮节，质朴无华，方瑞英
基金签署仪式在方先生家的餐
桌上举行

作者简介

杨晓春，浙江大学药学院2005届药学本科生，2010届药理学博士生，现任浙江
大学药物安全评价研究中心副主任。

人物名片

童忠钫（1931—1993），浙江慈溪人，中共党员，机械工程和结构动力学专家。曾任浙江大学机械系系主任，创建了浙江省振动工程学会、浙江大学振冲噪研究中心。长期致力于我国振动计量标准技术研究，领衔研制了我国首台中频标准振动装置，获1978年全国科学大会奖；领衔建立了我国低、中、高频振动标准，获1985年度国家科学技术进步奖二等奖，为我国航空航天、国防等工业技术的发展做出了突出贡献。

开拓创新，
求是芬芳

童忠钫

　　每当我来到浙江大学玉泉校区精密机械楼（俗称小白楼），走进105房间，首先映入眼帘的是房屋中央陈列着的两台年代有些久远的振动台设备。在刹那间，我就会想起一位老先生为了建立我国自己的振动标准夜以继日、顽强拼搏，团结几十名科技工作者一起奋战，发扬求是创新精神，最终研制出我国的"低、中、高频振动标准"的感人事迹，想起他为培养新人而无私地向青年学子传授知识的育人故事，想起他为整个机械学科发展鞠躬尽瘁的卓越贡献。他就是曾担任机械系系主任的童忠钫先生。尽管童先生已经离开我们30多年了，但他的精神品质、贤言崇行以及追求真理的求是精神，一直陪伴着我们，引导我们前行。

少年有志　不负韶华

1931 年 10 月的一天，浙江省慈溪市童家村的一户医学世家喜添新丁，取名忠钫。抗日战争期间，少年童忠钫随父来到晋元中学求学，目睹日寇对祖国的侵略以及民不聊生的悲惨景象，他心中萌生了要学好本领，将来当一位教育家、科学家，以科技救国的梦想！他一边上课学习，一边在图书馆勤工俭学。1949 年夏，18 岁的童忠钫以优异的学习成绩收到了包括浙江大学在内多所大学的录取通知书，因仰慕具有"东方剑桥"美誉的浙江大学的求是校风和民主风气，景仰竺可桢、程孝刚等一批浙江大学的著名学者，他毫不犹豫地选择了浙江大学作为自己梦想的起航地。在学校期间，童忠钫发扬学校传统的"诚""勤"校风，诚于处事待人、勤于学习劳动，牢记竺可桢校长的"求是"校训，深受老师和同学的赞扬。1952 年，因品学兼优，童忠钫提前毕业并被保送至哈尔滨工业大学继续攻读研究生。读研期间，他认真地向苏联专家学习机床、刀具以及金属切削等方面的知识，同时，除了英语以外，还学习了俄语、日语和德语，这些都为其日后的教学和科研工作打下了很好的基础。1955 年，学成后的童忠钫回到浙江大学任教，开始了长达 40 年的教学和科研生涯。

童忠钫在浙江大学学习期间的成绩表

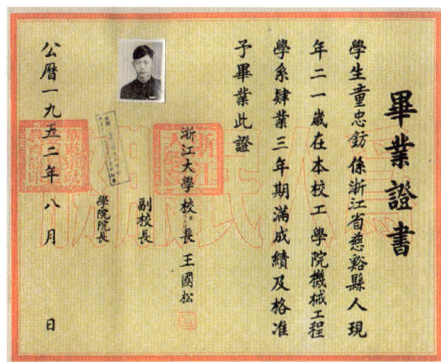

童忠钫的浙大毕业证书

童忠钫在哈尔滨工业大学攻读研究生时的成绩登记簿

教书育人　桃李满门

　　童忠钫返回母校后，立即开始走上讲台为学生授课。金属切削机床课是机械系各门课中内容最繁杂，也是最难学的课程，特别是其中的机床课程设计题目五花八门，童先生接到的第一个教学任务就是给学生上这门课。他为了上好这门课，做了精心的准备，凭着自身扎实的专业功底以及对教学的深刻理解，他从容地走进教室，面带微笑，讲课有条有理、循循善诱，注重启发式教学并非常注重教学的细节问题，对同学们的提问应答自如。原本学生们都喜欢听留洋回来的教授上课，听了童先生的课后，学生们对童先生刮目相看，"我太喜欢上童老师的课了"，一位学生由衷地感叹道。童先生每次上课，教室里总是挤满了慕名而来的学生。

　　几十年来，童先生一直活跃在教学第一线，先后为本科生、硕士生和博士生开设了"金属切削机床概论和运动学""液压传动""自动调节原理""随机振动理论与应用""模态分析""机械结构动力学专题"等多门课程。童先生针对上课人数较少的研究生课程，还独创了一种被认为是"奇葩"的教学方式——学

工作时的童忠钫

生轮流走上讲台上课，自己在下面听，然后提问题。"我当时是说有多紧张就有多紧张。因为童老师的'撒手锏'就是质疑，他会随时抓牢我们，冷不丁地问一个问题，看看我们是真的理解了，还是应付了事，所以我们课前从不含糊，至少会用两天的时间准备一堂课的发言内容"，时为童先生学生的黄迪山（现为上海大学教授）颇有感触地说道："这种教学方式不但培养了学生的自学能力，而且也锻炼了学生的表达能力，这对于研究生来说是非常重要的技能训练。"

童先生在上好每节课的同时，也十分关心年轻教师的成长，热心指导他们如何教学，但要求也非常严格。在上课之前，童先生会简要地向年轻的助教老师介绍讲课内容，让他们带着问题去听自己是如何上课的；在布置作业之前，童先生会让助教老师先完成题目，看作业量是否适当；他对考试试卷的质量也非常重视，会将试题交给助教老师先做一遍，以便了解题目难易程度和题量是否适当。通过这种"师父带徒弟"式的方法，跟随他的年轻教师能够快速提升能力。严拱标老师曾担任童先生"自动调节原理"课程助教长达3年，他从童先生身上学到了认

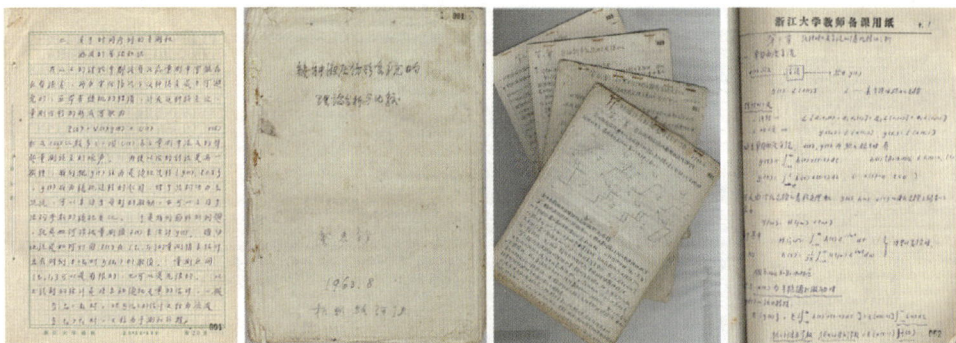

童忠钫先生讲义手稿

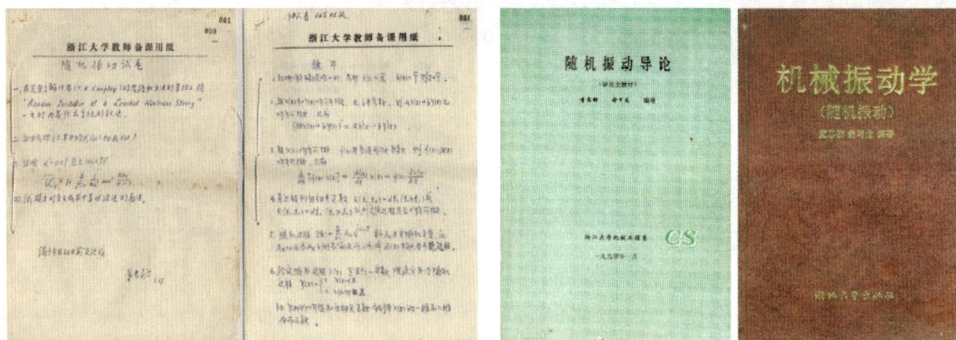

童忠钫先生所出试卷和习题手稿

童忠钫老师编著的教材

真负责的教学态度，并养成了终生奉行的教学习惯。"尽管对课程内容已经滚瓜烂熟，但每次上课前再忙我也要抽出时间认真备课，修改讲义，补充最新的工程实例"，严老师严肃地说道。童先生的一丝不苟也给另一位助教俞可龙留下了深刻印象。由童先生主编的《机械振动学（随机振动）》教材中的一部分内容是俞老师参与编写的，童先生对这部分内容的每一个字都进行了严格把关，即使是标点符号这样微小的错误也会要求俞老师一一改正过来。童先生的学生祁国宁说他会常常反思一个问题："为什么只是与童老师接触寥寥数次就能对自己的一生产生如此深远的影响？"并坦言："我一直在模仿心中的童老师，不断学习成长。"童先生所展现出的责任心深深地影响着周围的年轻人。为了提高青年教师的业务水平，童先生还凭借自己的学术威望，多次请国内外专家来校讲学；同时，他多次借自己名义，派年轻同事去国外参加国际会议。

童先生为本专业的学科发展和研究生培养也做出了重要的贡献。1977年，教育部发布《关于高等学校招收研究生的意见》，浙江大学决定恢复招收研究生。作为机械制造学科的带头人，童先生很快成为学校首批硕士学位授予点的导师。1984年初，童先生开始担任浙江大学机械系系主任。他经过认真细致的调研和思考，认为未来高校将是教学与科研并重的，并着手考虑调整和协调系内的组织架构，这些为后来机械系的生产工程研究所、机械电子工程研究所、机械设计研究所、计算机图学研究所的成立，以及浙江大学机械工程学科进入全国双一流重点学科打下了坚实的基础。1986年6月，经国务院学位委员会批准，浙江大学机械制造专业成为博士学位授权点，童先生成为机械制造专业的首位博士生导师。陈子辰是童先生招收的第一位博士生，他不负众望，后来被授予"做出突出贡献的中国博士学位获得者"荣誉称号，并一度担任浙江大学党委常务副书记。

为了学习国外的先进技术和理念，童先生在研究生培养上不断开拓创新。1986年8月，国家教委根据中德有关联合培养研究生的协议，决定在清华大学、浙江大学和德国亚琛工业大学、柏林工业大学等高校开展中德联合培养中国博士生的试点工作。童先生抓住机遇，招收潘晓弘等博士生，和德国亚琛工业大学进行联合培养。打开联合培养之门后，童先生又不失时机地选送有发展潜力的博士去国外进修，其中唐任仲被选送去德国企业研究会最大的研究所FHG-IPA进修。他们在回国后均为学科发展做出了贡献，其中，潘晓弘成为生产工程研究所（现浙江大学制造技术及装备自动化研究所）的常务副所长，而唐任仲回国后开辟了浙江大学机械工程学院"工业工程"本科专业和研究方向，成立了浙江大学工业工程研究所，并担任研究所首任所长。

童先生十分重视研究生学位论文的质量，他对每一位研究生的学位论文都亲自修改，连错别字也一一列出。1992年童先生生病后，在学校领导的"命令"下才勉强去住院。他身在医院，但仍一心扑在实验室的工作和学生的论文上，继续亲自指导博士生修改论文，还全程参加他们的答辩会。在病床上与病魔顽强斗争的一年时间里，童先生从未停止工作，直到生命最后一刻。他对学生的学业十分关心，只要病情有所缓解，就请求医生让他早日出院。他要求来看他的师生不能带礼物，只

童忠钫老师在为学生上课

童忠钫老师（中）在辅导研究生

童忠钫老师（左二）参加学生博士论文答辩

童忠钫老师（左三）与博士毕业生合影

能带"疑问"，尽可能多地为他人解答问题，因此，来探望的人往往是空着手来，满载着收获走。1993年教师节，博士生们到医院探望童先生，祈祷他早日康复。那时，童先生已经病重不起，他服用止痛药后与学生们见面，并激励学生努力学习。他希望博士生积极创新，写出达到国内甚至国际领先水平的论文；他希望学生"后来者居上"，一代更比一代强；也希望学生都能超越他……在病榻上，他把病房变成教室，让学生来听他授课，审查和指导他们的学业。无论是论文的写作方法，还是安排答辩、邀请专家，他都一如既往地一一说明清楚。童先生在生命垂危之际，还为王庆明博士的答辩做好了所有的准备工作。可惜在距离答辩只剩下4天时，童先生还是走了，他在弥留之际说的最后一句话是："王庆明……还没有答辩。"现在，他的学生，他的晚辈都已是学富五车的教授了，童先生当可笑慰黄泉！

从1986年到1993年去世，他指导了30余名博士生，已获得博士学位的有

14 名，在读博士生 18 名，接收博士后人员 7 名。这些学生中，有的成为中国工程院院士增选的有效候选人，有的获得了国务院政府特殊津贴，有的被列为教育部、省（区、市）重点培养的跨世纪人才，有的成了学校或部门的党政领导，有的在各自

1993 年元旦童先生（前排左六）的最后一张师生合影照片

研究领域内取得国内外领先水平的科研成果，还有不少在不同学校或部门成了教学、科研或管理骨干。"教书育人，桃李满门"，童先生是当之无愧的教育家！

跨界创新　开创先河

飞行器中的测振传感器就靠我们做的振动台进行精确赋值，这个弄不好，是会坏大事的。

——童忠钫

1969 年，二机部九院副院长王淦昌院士主持地下核试验工作，其中遇到了振动测试难题，浙江大学接受了解决这项难题的重要任务。标准振动台是解决这一难题的关键设备，因此，学校找到了业务水平非常高的童忠钫，希望他能够解决这个难题。在当时的国内这是一块无人涉足的处女地，"童忠钫是一个眼光很远，境界很高的领路人"，"也是一个很'时髦'的人"，当时的团队成员回忆道。他敏锐地意识到解决该难题需要组织一个多学科的团队一起攻关，即现在所谓的多学科交叉。凭借良好的人脉，童先生联合了机械系、电机系、光仪系、无线电系以及校机械厂的 30 余名精兵强将组建了"500 号课题组"。为了做好科研，童先生和团队成员决心"关起门来做科研"，他们选择了玉泉校区第一教学楼（后

称"教一")一间不太有人去的房间。课题组老师们进进出出地忙活着，其他老师并不知道他们到底在里面做什么。这间实验室也就成了"教一""最神秘"的地方。除了实验设备外，房间里其他的辅助设备都很简陋。在夏天近 40℃ 的高温下，实验室降温只靠仅有的几台电扇哗哗地吹着。那时候，基本上所有的工作都是团队成员自己干。春末的一天，课题组有 3 吨金属材料要运送到工厂去熔化浇铸。童先生就跟老师们一起把材料搬到卡车上，到了厂里再一起搬到车间里。一开始大家还穿着外套，后来觉得热了，就脱了外套只穿衬衫。"那天我们忙到下午 2 点才结束，从厂里出来，一起在松木场吃了碗面条"，团队成员裘重行回忆说。那段时间，团队成员一想到实验方案，就赶到"教一"的那个房间，所以很多时候，实验室的灯始终是亮着的。童先生和团队其他成员时常加班加点忙到半夜，第二天一早又在实验室里碰头，每个人都顶着重重的黑眼圈。

经过近十年的合作攻关，团队成功研制出中国第一台"中频定标用振动台"，并因此研制出"中频振动标准装置"，达到与国外同类装置相媲美的水平，填补了国内振动装置方面的空白。这两项成果均获 1978 年全国科学大会奖。

在童先生的领导下，团队在 1983 年还成功研制了国防科委委托的"低频振动计量标准系统"，并达到了国际先进水平，为我国航天工业的发展和同步卫星发射做出了重要贡献。这项成果获得了浙江省科技成果奖一等奖。童先生作为学术带头人完成的"低、中、高频振动标准"获得了 1985 年度国家科学技术进步奖二等奖。他们取得的这些成果受到了部队首长的高度赞扬："感谢浙大做出的贡献，童先生带领的科研团队太棒了！"

以此科研成果为契机，浙江大学开辟了一个新的学科发展方向，并成立了浙江大学首个多学科交叉中心——振动、冲击与噪声研究中心，团队成员程耀东先生成为中国首个参加国际模态分析会议的专家。

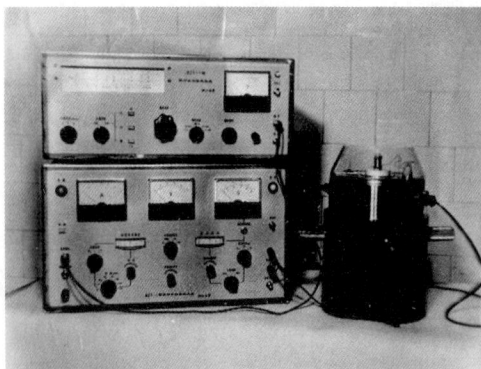

童忠钫主导研制的我国首台中频标准振动台

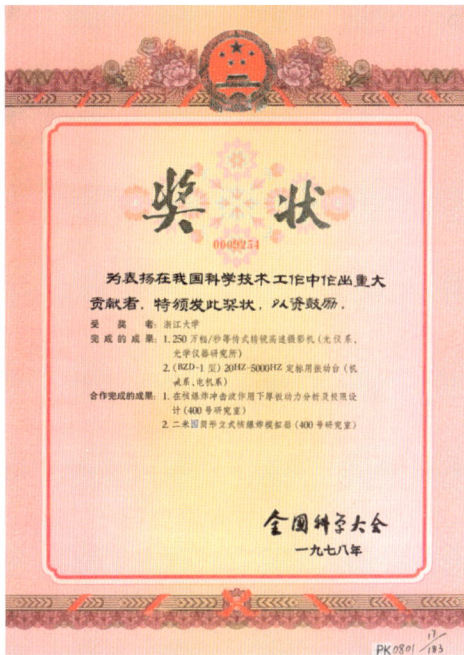

1978 年获全国科学大会奖的奖状

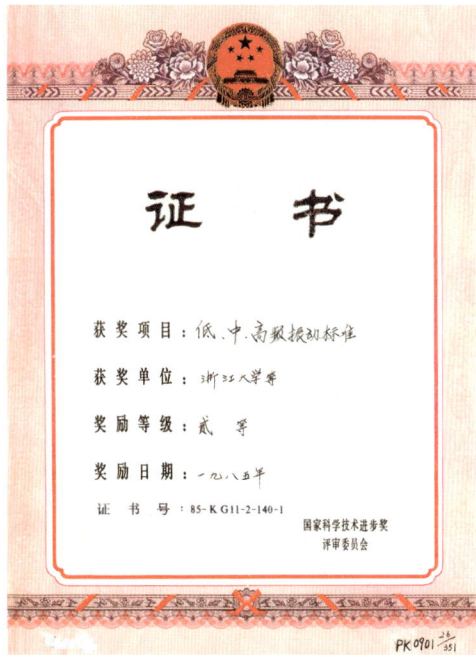

1985 年获国家科学技术进步奖二等奖的证书

同时，团队还编写了机械振动学系列教材：《机械振动学（线性系统）》《机械振动学（非线性系统）》《机械振动学（测试与分析）》《机械振动学（随机振动）》。此外，1988 年还成立了浙江省振动工程学会，童先生为首任理事长。

童先生去世后，在何闻教授、贾叔仕高工的带领下，继续在振动计量这个方向努力攻关，在超低频振动基准装置、宽频带角振动标准装置、温度复合振动标准装置以及三分量振动标准装置等方面不断创新，主要技术指标均达到国际领先水平，分别获得国家科学技术进步奖二等奖 2 项、省级一等奖 3 项。研究成果被广泛应用于中国计量科学研究院、中国地震局、国家电网公司、中石油集团公司、中石化集团公司、中国科学院等国家重要部门和单位。研究团队开发的振动标准装置系列产品已经应用于全国各领域，并被誉为"浙大标准"，这无疑是对童先生在天之灵的最好告慰。

机械系老是研究这么点东西，在这个小圈子转，只会把自己圈死，必须开辟新的方向。

——童忠钫

这个是时任机械系系主任的童先生经常和同事说的一句话，童先生始终把学科"开疆辟土"的事挂在心上。

1979 年，浙江大学成立了计算机辅助设计和计算机辅助制造（CAD/CAM）中心，这是国内最早从事计算机辅助设计与图形学（CAD&CG）领域研究的单位之一。该中心由机械系、数学系和计算机系共同组成，童先生一直大力支持中心的工作。由于中心在 CAD&CG 领域取得了显著成就，学校计划在此基础上申请建立浙江大学计算机辅助设计与图形学国家重点实验室（CAD&CG 国家重点实验室），但需要更大的实验空间。这本来是几个系共同的事情，但童先生毫不犹豫地提出将属于机械系的第一教学楼三楼一半的空间让给这个国家重点实验室。他说："CAD&CG 是个非常有前景的学科方向，我们应该推动它的发展，不能只局限在我们系内。"1992 年，CAD&CG 国家重点实验室正式成立。如今，它已经成为国内顶尖的重点实验室，先后承担了多个国家级重大研究项目和国际合作项目，其中许多成果获得了国家级奖励，甚至登上了美国《时代》周刊的封面。

20 世纪 80 年代，CIMS（计算机集成制造系统）刚被美国学者提出，童先生便敏锐地断定 CIMS 将是具有巨大潜力的发展方向，并积极在这一领域组建团队。童先生的博士生唐任仲之前一直从事振动分析与测试方面的研究，童先生希望他转到 CIMS 领域做博士论文，当时唐任仲还有些不情愿，见此情景，童先生不动声色地安排唐任仲去上海、南京、武汉等地调研学习，耐心地指导他学习相关知识。唐任仲说："我是过了一年，才真正静下心来开始 CIMS 方面的研究工作的。"在职博士生顾新建和当时还是杭汽轮副总工程师的祁国宁也是这样"被"转方向的。后来他们完成的杭州汽轮机厂计算机集成制造系统获得了 1999 年度浙江省科技进步奖一等奖。祁国宁还参与编写了《国家中长期科学和技术发展规划纲要（2006—2020 年）》，规划中明确把"制造业信息化"作为未来科技发展的三大重点之一。正是童先生的这种"坚持"，才培养了一代"新人"，才有了今天以 CIMS 研究为基础的浙江大学工业工程专业。

童先生在引进人才、开辟新方向方面也做出了重要成绩。那时，中国还处在相对封闭的状态，很多教授都是本校培养的，学缘关系非常明显。童忠钫作为系主任，力主引进人才。他对当时的系总支书记李肇震老师说："我们要引进人才，这对学科发展是有益的。"1985 年，冯培恩获得柏林工业大学工学博士学位后被引进到浙江大学任教。他与同是从德国留学归来的姜春老师一起创建了机械设计学研究室。在起步的头两年，没有实验室，没有启动经费，童忠钫不断提醒和鼓励他们去申请项目。后来，他们分别申请到了 6 万元和 9 万元的资助，这在当时可是一笔"大钱"了。不久，童忠钫还为冯培恩申报了"机械学全国教学指导委员会委员"。此后，冯培恩教授成为浙江大学机械设计学科的带头人，并一度担任浙江大学副校长。他说："童老师是一个有学问的人，一个讲原则的人，一个在全国机械工程研究领域很有影响的学者。"此外，现为中国工程院院士的谭建荣教授也是童先生当年引进的人才。他说："童老师对我说的最后几句话，我至今记忆犹新。他说你一定要努力成为学术大家，为国家的机械工业做出浙大的贡献。"为了开辟数字化制造方向，童先生千方百计邀请南京航空航天大学柯映林博士来校做博士后。如今，柯映林博士在我国的大飞机数字化装配技术和系统等领域做出了重要的贡献，2018 年，他被评选为"十大军工风云人物"。

童先生先后兼任国家科委发明评选委员会特邀审查员，机械工业部机械制造专业教学指导委员会委员，中国振动工程学会理事暨动力学分会、模态分析分会常务理事，《仪器仪表学报》编委，《机电工程》副主编，中国仪器仪表学会精密机械学会副理事长。他在国内外享有很高的声誉，被选入"中国当代名人录"，并被编入英国剑桥大学国际传记中心及美国传记研究所的国际杰出人物词典。为表彰童先生科学研究的卓越业绩和杰出贡献，1987 年浙江省授予他"优秀中青年科技工作者"称号；1990 年国家教委、国家科委授予他"全国高校先进科技工作者"称号；1991 年成为首批享受国务院政府特殊津贴人员；1992 年荣获浙江大学"竺可桢优秀教师奖"和"光华科技基金奖"。

鞠躬尽瘁　求真务实

　　童先生是一位忘我工作的学者。自 1955 年以来，童先生便始终投身于教学、科研和管理工作中，他将工作看作是他的呼吸，他的日常生活忙碌而又充实。他的女儿晓敏说："父亲热爱生活，热爱大自然，喜欢运动，也喜欢音乐，只是时间对他来说太珍贵，他把更多的时间投入工作中，工作是父亲的生命之源。"他几乎没有节假日，只是孜孜不倦地工作，他的眼里只有工作和学生。"童老师给我最深的感触，是他始终不懈的精神与昂扬的斗志。你永远也看不到他疲惫的神态，不论是在繁忙的工作中，虽然他的眼睛中有时会布满血丝，还是在病后不断的操心中，虽然他的脸颊越发瘦削。在行政、科研、教学一肩挑的情况下，面对一个个棘手的问题，他从步态到精神总是那么轻松从容；在生病住院后忍受病魔折磨的时间里，他的心里存着的永远是对学生的关照和对学科发展工作的安排，一切都是那么条理清晰。"学生周晓军的一段话概括了童先生忘我工作的精神。每当跨进家门，他的第一句话就是向夫人"检讨"："又让你久等了，真抱歉！"夫人蒋承蔚老师心疼他，只好将饭菜放在锅里再次温热。童先生勇往直前、鞠躬尽瘁的精神力量一直激励着我们。

　　童先生是一位求真务实的领导者。在一次系务会议上，当讨论一项工作决策时，陈秀宁副主任发表了与其他与会人员不同的意见。童先生秉承竺可桢校长的

童忠钫（左一）在调试振动台

童忠钫（左三）亲临加工现场

思想："只问是非，不计利害，一切以真理为依归。"他征询了其他同事的意见，理清了事实和道理，接受了陈老师的建议。结果证明，童先生的决策是非常正确的。贾叔仕是当年"500号课题组"中年纪最小的，谈到童先生的科研态度时，他颇有体会地说道："对于科学研究，他非常民主，对于一个技术难题，他往往会召集大家一起开会商量，只要认定方法是对的，不管提出方法的这个人是谁，都会马上'转弯'改正，绝不会因为是自己出了问题而碍于面子死磕到底。童先生的这种民主态度，对真理的追求，对求是精神的忠诚，让人钦佩。"机械系原副主任陈秀宁教授在一次追忆活动上动情地说："童先生一生正直、廉洁奉公，朴实无华，以身作则，深受大家敬佩；他注重言传身教，为全系树立了良好的榜样。"这段话代表了童先生和同事们的共同心声。

童先生是一位严以律己、宽以待人的长者。他自律自强，从不向领导提自己的需求，总是把好处让给他人。他的女儿晓敏说："我从小就觉得父亲对自己要求非常严格，对他人却宽容且谦虚，对自己的事业又是充满激情和严谨，这些品格一直影响着我和哥哥的成长，并将伴随我们一生。"这是童先生在儿女们心中永恒的形象。童先生对待学生如同自己的子女，无论是在学业上还是在生活上都给予无微不至的关心，为了赶上唐任仲的博士论文答辩，他连夜乘硬座从西安经上海赶回杭州，而为了解决一位博士后家属的工作问题，他多次到学校人事处帮助沟通和协商；童先生视同事如手足，他常借出差之便，去看望同事或同事的家

浙江大学85周年校庆时机械系部分校友与教师在"教一"大楼前合影留念（后排右三为童忠钫）

属，或者把出差的机会让给家属正好在出差地的老师。只要与童先生共事过的人，都说他身体力行，像采购材料、搬运东西、做实验、画曲线等大小事都与年轻教师、研究生一起干，毫无长者的架子。在家里也一样，他只要有空就做家务，还会和夫人一起去幼儿园接孙子、外孙女，还开玩笑地对夫人说："干家务你扬美名，我甘当助手！"

童先生1957年加入中国共产党，几十年来一直恪守一名共产党员的标准，严格要求自己，无论是工作上还是生活上都以优秀党员形象示人。为表彰童先生的优秀品质，1983年浙江省授予他"五讲四美、为人师表"优秀教师称号，1990年学校授予他"浙江大学优秀共产党员"称号！

作者简介

沈博翰，机械工程专业2022级博士研究生。

何闻，机械制造及其自动化专业1993级博士研究生，现为机械工程学院教授、制造技术及装备自动化研究所副所长。

唐任仲，机械制造及其自动化专业1981级硕士研究生、1987级博士研究生，现为机械工程学院教授、工业与系统工程系主任。

人物名片

姚庆栋（1932—2013），浙江瑞安人，中共党员。信息通信科学家、教育家。浙江大学十一系和无线电系的创始人之一，历任十一系和无线电系的系主任。曾获全国优秀教师、国家"八五"科技攻关先进个人、浙江大学竺可桢教育奖等荣誉，是国内第一代从事视频压缩编码研究的科学家和教育家，影响了中国乃至世界从事视频图像编码科学研究与应用的一代人。

做时代先锋，
育四有新人

姚庆栋

　　2012 年 6 月毕业后，我来到信电系工作。每天都能看到学院退休老师陈抗生准点到行政楼办公。无独有偶，我还听说信电楼那边有位退休老师姚庆栋是每天蹬着自行车到山上去办公的。2013 年的暑期，办公室突然得到消息，姚庆栋教授因病离世。大家在意外之余，更多的是心痛和惋惜！

　　2014 年 3 月，学院为姚庆栋先生举办了追思会，我听到了更多关于姚先生的故事。虽然我与姚先生素未谋面，但是他为学为师的故事让人心生崇敬。在同辈的眼中，他提携后进、倾囊相授，不畏艰难、一心为系，坚忍不拔、爱国忧国。在晚辈的眼中，他平易近人、爱生如子，治学严谨、育人得法，高瞻远瞩、与时俱进。正如每一位敬爱他、想念他的同事和学生说的，他是一位好同志、好同事、好老师、好领导。

　　2023 年是姚先生去世的十周年，我们整理撰文，描摹心中的大先生，以此怀念姚先生。

投身学运、追求真理，以革命精神砥砺报国之心

1947年10月，刚考入浙江大学的姚庆栋受到抗日救国思想的影响，投身于声势浩大的"反饥饿、反内战、反迫害"的爱国民主运动，并参加了新民主主义社。1948年底他参加了中共浙大地下党组织，由一位爱国的热血青年逐步成长为怀有共产主义信仰、为共产主义事业而奋斗的年轻党员。

姚庆栋在浙江大学地下总支社团支部工作，负责组织进步的群众文艺社团和舆论宣传工作，组织青年学生学习形势、学习党的方针政策，以及向解放区输送进步学生干部等。为迎接杭州解放，姚庆栋组织学生、教师和群众参加了各项护校应变工作，并在解放后参加了杭州军管会工业部的工作，为杭州的解放、把浙大完整地交给新中国做出了贡献。因此，他受到了党组织的表扬和嘉奖："姚庆栋同志一直接受党的正确领导，从小有非常强的原则性，能完成党交给的任务。"

姚庆栋在如火如荼的革命年代里，深深认识到要改变祖国的贫穷落后，需要发展科技和教育。他一面积极投身到地下党组织工作中，一面勤奋完成学业。他以"书痴"精神苦读，不等到宿舍熄灯绝对不放下书本。在实验室做实验时，不看到满意的实验结果绝对不停止验证。他的痴劲和倔劲，让他以"品学兼优、政治表现积极"的评语毕业并留校任教。

教书育人、孜孜不倦，以国家需要培养时代人才

20世纪50年代中期，姚庆栋接受国家和浙江大学的重托，本着振兴国家、迎头赶上的决心，他与何志均先生等几位创始人夜以继日地收集资料，编写教材，甄选和抽调教师组建相应的学科和教研室，并从其他各系遴选学生，开设各类相应课程，共同白手起家创建了浙江大学十一系和无线电系。

姚庆栋曾在化学系、电机系学习过，他的专业知识非常广博，从教伊始就担任本专业多门核心课的讲授工作，为了满足国防工业的需要，他还教过远动专业的核心课程。他喜欢开设新课、接受挑战，在60多年的从教生涯中，一共担任

姚庆栋教授荣获全国优秀教师奖章

了近20门课程的教学任务，笔耕不辍地编写了多部教材。他领衔编著的《图像编码基础》教材自1984年以来被清华大学等高校和研究机构用作经典教材和主要专业参考书，推动了我国宽带图像通信事业的发展。

姚庆栋治学一丝不苟，对学生倾囊相授。有时学生上交了五六页的稿纸，而他批阅修改的稿纸却有十几页。他经常邀请研究生和同事晚饭后来家里教学或讨论课题。当时由于条件简陋，大家就挤在小小的饭桌边，一杯清茶或白开水，就能各抒己见到深夜。他治学态度严谨，不仅培养出了一大批品学兼优的学生，也给年轻教师做了较好的示范。浙江大学原副校长顾伟康对姚庆栋提携青年教师的无私感慨不已："我刚留校工作不久，姚先生就带我到图书馆、资料室，手把手地教我如何查资料，如何做卡片，并教我们如何做学术报告。这些方法使我受益终身。"姚庆栋奖掖后学、善为伯乐，在建系之初就开始组织各类青年教师培训，如英文、日语训练班，课程指导、课题讨论、前沿知识分享等，带头给青年教师补习专业课和外语，支持青年教师出国深造，培养和造就了一大批优秀的年轻教师和干部。

时任浙江大学校长潘云鹤、常务副校长倪明江出席姚庆栋教授从教50周年庆祝会

　　姚庆栋在退休之后仍然每天骑着自行车到位于玉泉校区老和山下的信电楼工作，在70岁高龄的时候依然指导着20多位研究生。姚庆栋认为，学生不仅仅要擅长读书，而且要具备全面的素质和较强的实践能力。"培养人格丰满、情操高尚，有着创新意识的人才，才是高等教育的目标。"他用自己的一生实践着这样的育人理念。

勇立潮头、学而不怠，以远见卓识引领学科前沿

姚庆栋学识渊博，视野开阔，是图像处理和通信传输两大领域的学科带头人。自20世纪50年代起他就挑起电动机励磁调节等国家级国防重点研究项目的重担。后又长期蹲点在东部战区某部机场主持"歼击机改为俯冲机计算与比较装置"等国防科研项目。当时的科研条件相当艰苦，生活的困难是可想而知的，但姚庆栋凭着满腔报国热情，以极大的干劲，全身心地投入研究和实验之中。这些项目都取得了圆满成功，为国家做出了很大贡献。

在这些国防项目研究中，姚庆栋以其广博的知识敏锐地捕捉到，测控、图像处理将是无线通信发展的方向并多次完成自然科学基金资助课题图像编码相关研究。"老骥伏枥，志在千里。"20世纪90年代初，已过花甲的姚庆栋觉察到高清晰度电视技术即将兴起，认为这是电子信息产业的一个新的增长点，并成功申请到国家科委"八五"科技攻关项目和国家自然科学基金重大项目，为中国数字电视技术与产业发展奠定了坚实的学术与技术基础，因此被评为"八五"科技攻关先进个人。"八五"攻关期间，他又关注到数字有线点播电视技术，联合省内

1996年，姚庆栋教授获得国家"八五"科技攻关突出贡献奖

姚庆栋教授（第一排右二）、张毓鹍先生（第一排左二）、叶培建院士（第一排右三）、何志均教授（第一排左三）、顾伟康教授（第一排左一）等合影

外著名企业攻克有线电视点播技术和有线电视双向传输技术难关，研制的电缆双向传输机顶盒获得了广电总局第一张入网证，产品获得了信息产业部的科技进步奖三等奖。

姚庆栋是国内最早认识到集成电路的重要性和系统设计对于集成电路设计起主导作用的科学家之一，他不仅到处呼吁发展集成电路工业，而且亲自投身到集成电路设计研究中。1996 年，他带队设计成功 16 万门 BAP128 芯片，1997 年以 0.7μm 工艺一次流片成功。后来他带领的团队又为该芯片成功开发了全套软件并将该芯片成功运用到"863 计划"中。可以说，他开创了浙大专用集成电路（ASIC）芯片设计的先河，培养了一批年轻优秀的集成电路设计专家，是国内片上系统（SoC）芯片设计的先驱。

姚庆栋在求学时坚定理想、投身革命；在创系时敢于开拓、迎难而上；在科学研究时大胆突破、敏锐创新；在培育学生时悉心指导、倾囊相授。他为人朴实真诚、生活简单，把毕生的热情和精力都投身到教书育人和科研创新的事业中。

他的梦想和追求总是紧紧围绕时代需要、服务国家发展。我们追忆他的事迹、怀念他的品格，更要继承他的精神、弘扬他的遗志，凝心聚力不懈奋斗，为早日实现跻身世界一流学科的目标而拼搏奋斗。

作者简介

蔡超，浙江大学人文学院古代文学专业 2012 届硕士生，现为浙江大学信息与电子工程学院专职组织员。

王震，现为浙江大学信息与电子工程学院纪委委员、发展办公室主任。

岑可法（1935——），广东佛山人，
工程热物理学家，能源环境工程专家。
现任浙江大学热能工程研究所所长。
1995 年当选中国工程院院士。曾先
后获得"全国优秀科技工作者""全
国高等学校先进科技工作者""全国
优秀教师"称号以及"全国五一劳动
奖章""何梁何利基金科学与技术进
步奖"、中国工程热物理学会终身成
就奖等荣誉。

为党育人才，
为国出成果

岑可法

在同行眼里，岑可法院士是国内外知名的能源环境工程专家，在以煤代油、煤炭高效清洁燃烧、垃圾等有机固废资源化、煤炭分级分质多联产等领域均有开拓性成就，其中多项研究达到国际先进或领先水平。在学生眼里，他是一位德高望重的导师，既是严师，又像慈父；而在他自己心里，能源工程事业和教育事业就是他的生命。这就是我们心目中的求是大先生——浙江大学能源工程学院岑可法院士。

心有大我、胸怀祖国

岑可法院士 1935 年出生于广东南海的一个知识分子家庭。重学重教的家庭氛围、父亲坚毅自强的品格和强烈的国家民族观念给少年岑可法留下了很深的印象，这既帮他养成了爱思考、爱读书的习惯，也在他心中种下了热爱中华、自强

我的父親是一个留法博士，具有强烈的爱国主义意识，他说过的一段话至今仍在我耳边回响："国外再好，也是人家的，中国再穷，也是自己的"。我愿为祖国的现代化奋斗一辈子！

岑可法
1999.1.5.

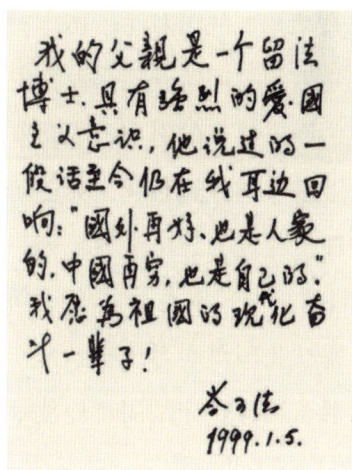

岑可法先生回忆父亲

岑可法先生在莫斯科包曼高等工业大学留学时留影

不息的种子，为他后来的成长带来了深远的影响。

20 世纪 50 年代，国家选派研究生到苏联留学，别人选择了火箭、舰艇制造等尖端学科，而岑可法却选择了又"土"又"脏"的"煤的燃烧"专业。旁人觉得不可思议，他只解释了一句"中国是产煤大国，煤是关系国计民生的大事"。当时，谁也不会想到，这位立下壮志的普通的少年，将把自己后半生的全部精力投入这项事业中，并在这个领域做出非凡的成就。1962 年，岑可法先生在苏联完成学业后，带着用所有积蓄买回的六大箱上千本图书，怀着一腔报国热情回到积贫积弱的祖国，回到浙江大学任教。60 多年来，岑可法院士始终紧密围绕国家和人民的重大需求投身科研和教育工作，为我国能源科技发展作出了突出贡献。

勇攀高峰、敢为人先

"勇攀高峰、敢为人先"的科学精神使岑可法与他的团队成员始终站在自力更生、自主创新的最前沿。岑可法带领团队围绕国家重大需求，在煤炭分级转化清洁发电、流化床燃烧与气化、废弃物资源化能源化利用、燃烧污染物控制、工程气固多相流动理论与计算机辅助试验等领域均取得了开拓性的成就，出版多部学

岑可法先生奋斗在科研一线

术著作，其中作为第一作者出版的图书就有 16 本。

1983 年，岑可法先生带领团队开展煤泥发电锅炉技术的课题攻关，经过几年的努力，成功取得技术突破，既解决了废渣的处置难题，又能清洁高效发电，真正实现了变废为宝。世界上第一台完全以洗煤泥为燃料的热电厂也在 1989 年成功投入商业运行，并迅速在我国煤炭系统得到推广应用。1997 年，煤水混合物异重床结团燃烧技术成果获得国家技术发明奖二等奖。

20 世纪 70 年代末，世界范围内开始出现石油危机，科学家们开始寻找石油的替代品。当美国人拿着可以代替油燃烧的"水煤浆"在国人面前炫耀，并开价几千万美元要中国人买他们的技术的时候，一向坚持"有所为，有所不为"的岑可法决定自己开发这项技术。从微小液滴入手到大型试验台的建立，从单液滴燃烧模型的建立到大型燃烧综合模型的合成，历经两年时间，岑院士带领团队终于攻克这项技术，在锅炉和工业炉窑中以"水煤浆"100% 取代了油，并建成了当时国际上最大的"水煤浆"代油电厂，"水煤浆代油洁净燃烧技术及产业化应用"获得 2009 年度国家科学技术进步奖二等奖。如今，这一技术每年约为国家节约燃油 250 万吨，我国在这一研究领域已达到了国际先进水平。

作为导师的岑可法又带领学生们接二连三地攻克了一系列技术难关：煤的分级转化多联产，劣质煤综合利用，从煤中提炼铝、钒、铀等贵重金属等，填补了国家多项技术空白。黑乎乎的煤，在他手里变成了金灿灿的"黄金"，大大提升了利用价值。由于煤的高效利用，岑可法又联想到了生活垃圾的处理。"垃圾是被放错了的资源，为什么不用？"岑可法带领团队开发的生活垃圾循环流化床清洁焚烧发电集成技术，被誉为当今世界五大主流焚烧技术之一并于 2006 年获得国家科学技术进步奖二等奖，这也是生活垃圾焚烧发电技术领域的首个国家奖。

随后，岑可法先生又带领团队向雾霾发起了挑战，提供了解燃"煤"之急的中国方案，大大降低煤炭燃烧时产生的氮氧化物的排放量，这项技术在不少企业中得到运用。现在，燃煤发电站最终排放的烟气比天然气机组的排放物还要干净。该项目荣获 2017 年度国家技术发明奖一等奖，这也是浙江省获得的第一个国家技术发明奖一等奖。

近年来，党中央组织浙江省与吉林省合作实施振兴东北的国家战略，岑可法院士积极响应，带领团队成员，与吉林省在能源工业互联网、秸秆生物质掺烧、供热锅炉超低排放等领域开展了实质性合作。其中，团队开发的活性分子超低排放技术已在吉林洮南热电、华电哈尔滨发电厂成功运用，研发的智慧传感器技术、智慧供热网络技术等均在洮南热电成功应用，为解决东北地区超低排放、智慧能源、智慧供热等难题提供了重要支撑。

岑可法院士（右一）带领团队成员攻坚克难

只有那些不怕艰苦
敢於創新
敢於攀登的人
才有希望到达科学高峰！
岑可法
2004.3.22

岑可法院士手写寄语

春风化雨、辛勤耕耘

在培养年轻人方面，岑可法院士坚信"用年轻人，其实需要长者俯身扶持，用更多的耐心为其培基固本"。岑可法先生自己也亲身经历过这样的扶持，他清晰地记得华中科技大学马毓义先生春风化雨般的指导、莫斯科包曼高等工业大学克洛烈先生严谨细致的教导以及浙江大学陈运铣老师独立自主思想的教导，岑先生用实际行动传承着他们的思想。2001 年，面对国家未来人才战略需求，岑可法院士提出了改革能源学院的本科专业的设想，他说："要培养既懂能源又懂环保的复合型创新型人才，这才符合国家战略发展的重大需求。"在他的推动下，

2003 年浙江大学创建了全国第一个能源与环境系统工程专业。同样的，为适应国家大力发展新能源的需求，岑可法又于 2010 年推动并设立了新能源科学与工程专业，为培养国家急需的新能源专业人才奠定了基础。

如何在实践中更好地培养学生，如何让学生与青年科研团队创新融合成长，是如今 89 岁高龄的岑可法花费心思最多的事情。经过多年的摸索，他总结出了人才培养的"教授组—博士生—硕士生—本科生"梯形机制；在培养高水平优秀工学博士方面，他又成功地探索出"导师群体培养"的创新之路。

岑可法院士对年轻人的培养和提携始终是不遗余力的，团队成员倪明江当年博士毕业后仅用 7 个月就评上了教授，这是浙大的一个时代印记。站在今天回望，更是浙大大刀阔斧地进行综合改革的一个信号，拉开了浙大唯才是举、打破论资排辈陈规的时代序幕。倪明江教授也一直记着在自己还是个学生时，岑院士的爱才之心和无私胸襟。到今天，岑可法院士已累计培养了 150 多名博士毕业生，可谓桃李满天下。其中多名学生已成长为国家级高层次人才，在各自的领域发光发热。

岑可法院士为新生上课

2024 年，岑先生（左六）参加岑可法奖学金、奖教金颁奖仪式

2010 年，在岑可法 75 岁生日那天，他送给了浙大学子一份厚礼，将自己多年的积蓄 350 万元一次性捐给了浙大，与浙江大学等额配比，将年总收益的 50% 作为年奖励总额，并与原浙江大学热能所岑可法教育基金（在此之前岑可法捐赠了 25 万元）合并成立了"浙江大学岑可法教育基金"，总额达到 1000 万元。在当时，这是浙大历史上在校教职工最大的一笔捐赠，全校每年约有 100 名本科生与研究生可获得奖励。面对获奖学生表示感激时，他却说："我把收入捐出来，不是让学生感激我个人，而是希望学生努力学习回报国家和社会。"

团队协作、甘为人梯

"一根筷子，再坚硬也会被折断；一捆筷子，想折断就难了"。岑可法先生始终强调"团队"的重要性。他认为，工程学科要建"大平台"，要有"大团队"，才能出"大成果"，不能靠一个人"单打独斗"，要有思路、有想法、有步骤。

"既要有当主角的精神，也要有当配角的胸怀"，是岑可法对学生们的教导。他摒弃了"论资排辈"的传统观点，只要年轻人有能力，就压担子、放任务，千方百计"逼"年轻人成才，尽心竭力创造条件，拓展发展平台，培育了一大批教学、科研带头人和年轻有为的"后起之秀"。

1962年，岑可法先生在老和山下的玉泉校区筚路蓝缕、以启山林，为他"助手—带头人—助手"的人生总结埋下了伏笔。对于组建"团队"，他从未动摇，既有足够的耐心去等待时代机遇的来临，又有足够的胆识去成为那个有所准备的人。从1962年正式加入浙大热能动力装置专业到1983年成为浙大工程热物理系带头人，岑可法先生度过了漫长的"无名英雄"岁月。他崇尚"忍得住"的精神，并坚信只有"忍得住"，才能承载生活的万般滋味。

多年后，他意味深长地说："只要我们好好组织，大家在团队里有时候当头，有时候当助手，有时候当主角，有时候当配角，咱们都愿意做，那什么事情都能做出来，全国领先的都能做出来。"值得注意的一个细节是，自20世纪90年代以来，岑可法很少成为奖项的第一获奖人，其实获奖项目他都参与了，而且在不少项目里还是主要负责人，可他总把自己的名字放在后面，为的是让更多的年轻

岑可法院士（右三）及其部分团队成员

人走到舞台中央。经过多年的努力，岑可法带着他的团队不仅打造出了"能源高效清洁利用全国重点实验室""煤炭分级转化清洁发电协同创新中心"等国家级教学科研基地，使浙大成为国内能源领域各级基地最全的研究单位，还先后荣获国家"三大奖"18项、国家科学技术进步奖创新团队奖1项、国家级教学成果奖5项，多次被评为浙江省模范集体。

"为国育人才，为国出成果"，工作不息，创新不已。如今已89岁的岑可法仍活跃在实验室、资料室和课堂上，数十年如一日地始终坚持为能源工程学院的本科生、研究生讲授开学第一课。岑可法始终强调："中国一定要创新，才能进一步发展。我们的科研创新，一定要面向国家和社会的重大需求，才能更好地辐射到整个国家。"他勉励同学们："青春只有一次，千万不要只搞一些表面的、简单的研究，浙江大学的学生要以为国家、为人民作出贡献为远大志向。"在岑院士心中，讲台下的孩子们就像年轻时的自己，他们是下一代的科研主力军，他想把自己一辈子的积累传递给他们。让不同的思想迸发出火花，这也是一种传承和引领。他的学生说："他像煤一样，燃烧了自己，照亮了别人。"他却说："人才培养要从青年开始，我自己不是大师，我希望浙江大学能够培养出更多未来的大师。"这就是岑可法院士，我们心中的求是大先生！

作者简介

何勇，浙江大学能源工程学院工程热物理专业2013届博士生，现为浙江大学能源工程学院教授、热能工程研究所教工第二党支部书记。

汪晓彤，浙江大学能源工程学院科研助理。

叶鑫，浙江大学党委宣传部网络信息办公室正科职秘书。

人物名片

杨文采（1942—   ），广东省大埔县
人，地球物理学家，中国科学院院士，
浙江大学地球科学学院教授。1987—
1988 年任英国皇家学会特别会员。
1992 年任地质矿产部地球物理与化
学勘查研究所所长。1996 年后任中
国地质科学院地质研究所研究员，中
国大陆科学钻探工程中心副总指挥、
地球物理子工程负责人。主要从事地
球物理正反演理论方法研究。2005
年当选为中国科学院院士。

怀揣报国之志的
大地之子

杨文采

我们刚入学的时候，经常在地球科学学院的大楼中碰到一位头发花白、精神矍铄的老先生。后来才知道他就是杨文采院士。杨文采院士虽已过古稀之年，但仍坚守在教学一线。他讲课的内容通俗易懂，条理清晰。同学们在科研上遇到什么问题向他请教，他都会耐心解答并给出中肯的意见。与他接触过的学生，无一不夸赞杨文采院士认真负责、平易近人。每每与他接触，我都能从他身上感受到博学谦逊的文人风采，他的言传身教也一直影响着我们每一位学生。

与诗结缘　少年笃志

杨文采自幼喜欢阅读，经常从同学处借书阅读。中学时期，更是几乎把图书馆里的书都借遍了。从小受到的文化熏陶与丰厚的文化滋养使他萌发了"作家梦"，早在中学时期，杨文采就与另外两位同学在学校组织了"粤晶文学社"，积极进行读书和初级文学创作活动。在大学时，他依旧嗜书如命。在他看来，优秀的作品不仅可以触动自己的心灵，更能与科学家和作家来一场"跨越时空的对话"。

"人生成长过程中，有几个关键阶段。7岁以前是本我阶段，还没有形成自我思想；7—14岁进入自我阶段，形成独立思想。"在杨文采看来，这是一个人一生中跳出自我，实现"超我"的关键时刻。"真正伟大的作家，要行万里路，了解千千万万的人，我一个农村出来的孩子，怎么走万里路？就想报考地质学院的地球物理专业，觉得可以到全世界走走看看。"1959年，杨文采考入了北京地质学院物探系。他认为，寄情山水，在大地上写诗，这才是最浪漫的人生。

年少时期的杨文采

"无论是成为科学家，为人类共享的知识宝库投进一砖一瓦，还是像岳飞、文天祥一样，为祖国命运献出生命，关键是要树立为国贡献的远大理想。" 杨文采院士称，这样的理想就是"超我"，"以后走入社会，碰到的问题会越来越复杂，困难也越来越多，当生活遇到曲折时，在漫长的人生轨迹中，有远大理想的人，总能选择正确的方向，有往前冲的动力，人生价值也能达到新高度"。正是这种"超我"的境界和远大的理想，鼓舞着他深耕地球物理前沿问题，数十年如一日，孜孜不倦。

珂戳集
地球物理学家诗词选

杨文采收集整理
一九九二年五月

杨文采院士编辑的诗集

即使一直潜心科学研究，杨文采先生也从未忘记他热爱的文学。在做学问的

1964年实习时钻机班全体同志留念照

间隙，杨文采先生就用读书的方式减轻压力，并将其作为一种艺术享受。他说："文学使得我了解这个世界，热爱这个世界。"杨文采先生也一直如地质矿产部地球物理与化学勘查研究所的同事所评价的那样："人如其名，文采飞扬。"

爱国之心，报国之志

1979年，中国开始实行通过考试选派人员出国留学的政策，经过一系列会考，杨文采取得了公派留学的资格，1981年如愿赴加拿大麦吉尔大学深造，开启了"万里求学路"，后又考取了该校博士研究生。

在国外留学的几年时间里，他像海绵吸水般系统地学习新知识，为了留出更多的时间学习，他的饭菜常常一做就是一个星期的量，放在冰箱保存起来。为了弥补自己知识的缺失，他一下子选了9门课程，每天从早上到下午3点，课程排得满满的，中午吃点带去的冷饭后马上开始预习功课或做实验，晚上做研究，撰写或者修改论文。在国外留学，不断接触西方人的"科学精神"后，杨文采总结出了自己眼中的科学精神：理性、客观、精准、系统、质疑。他感慨地说："我用了30个月在加拿大读博士，这段时间最辛苦也最难忘。"他于1984年6月通过答辩，成为改革开放后首个在海外获得博士学位的学者。

回忆起这段往事，他说："国家的发展，实现四个现代化需要我们大家的共同努力，能成为祖国急需的高端人才，这是我梦寐以求的。"

在获得博士学位后的第二周，杨文采就买了一张机票，踏上了归国之路，以实现他回报祖国的远大理想。回国后，杨文采用才能回报祖国人民对他的关爱和期望。在废寝忘食的研究下，他分别在统一性、适应性和非线性三个方面改进了地球物理反演的理论和应用。在统一性方面，他在泛函分析的基础上建立了一个

攻读博士学位时期的杨文采

对各种勘探地球物理方法（地震、电磁与重磁等）都适用的反演理论与方法。在适应性方面，他针对地壳物质高度不均匀性，提出适用于大扰动和非水平层状介质中声波方程反演的级联法。在非线性方面，他以混沌理论、非线性地震反演方法，开拓了非线性地震反演的新方向。1989年，他出版了专著《地球物理反演和地震层析成像》，系统地总结了他在这方面的研究成果，并被授予地质矿产部科技成果奖二等奖。该书先后被北大、吉大和同济等高校作为研究生教材或主要参考书。

在地球物理学的应用开拓方面，杨文采以发展地球物理反演理论为研究核心，将该理论与方法应用于矿产勘察及建设工程基础调查，对大陆科学钻探主孔岩性构造进行了预测，并被后续的岩心钻探结果基本证实。他应用非线性反演理论，开拓了基于混沌反演进行油气储层追踪的方法技术，并在大庆油田等地区取得了广泛应用。采用他提出的跨孔地震层析成像的级联法与逐次线性化反演方法，相关科研人员在华北油田查明了老油井间的剩余油层，为地震层析成像技术在油气

Yang Wencai (Ph.D.) McGill University 1984

杨文采博士毕业照

杨文采院士参加国内外学术交流留影

田开发中的应用提供了范例。这些研究成果不仅为 20 世纪末应用地球物理学的发展做出了贡献，还为岩土力学与其他相关工程科学所重视。

杨文采研究出基于弯曲射线追踪的跨孔 CT 方法，计算出了准确的波速层析图，为地震层析成像技术在水利工程等勘察中的应用做出了示范，把地震层析成像迅速推向应用。1990 年，应中国工程勘察协会的邀请，他为地震层析成像工程应用编写了规范。

1996 年，美国、德国和中国共同发起成立国际大陆科学钻探组织（ICDP），杨文采应邀担任第一届 ICDP 科学顾问组成员。为了获得国际大陆科学钻探的经费支持，作为中方代表的他，利用最后五分钟作了关键性发言，阐明了中国科学钻探的科学意义和必要性，最终打动了评审，获得了资助。作为国际大陆科学钻探计划（ICDP）第一届科学顾问组成员，他根据第一手资料提出了陆—陆深俯冲的几何模式，得出了陆—陆深俯冲的规模和造成壳、幔相互作用的定量概念。同时，他发现中国东部岩石圈地幔内部存在全球罕见的水平层状反射体，修正了前人认为拉张区岩石圈地幔因缺乏反射是相对透明的观点。后来，他又担任中国大陆科学钻探工程中心副总指挥、地球物理子工程负责人，为大陆科学钻探孔区地质构造研究提供了优质资料并做出了重大贡献。

杨文采的博士学位证书

朝乾夕惕　春风化雨

虽已到耄耋之年，杨文采院士依旧奋斗在教学和科研的第一线。早年在北大教书期间，他把在国外上课的笔记，按照自己学习的思路写成教案，将专业知识传授给大家。后来到了浙大，他更是将自己的所学与所思融为一体，毫无保留地传授给学生。"讲义的功夫不在具体的知识点上，而是在学科、在理论中间的狭缝，把中间的狭缝都填满了，知识才能成为系统的知识。"杨院士在授课的同时还会给学生介绍最新的研究成果，"时代需要我去做这件事，要有人来讲新的东西，把最近三四十年取得的新成果和总结出来的规律讲给下一

英国皇家学会会员证书（英国皇家学会是世界第一个科学家组织）

杨文采院士在工作中

代"。现如今，他仍作为浙大地质学（求是科学班）的导师为学生们传道、授业、解惑。

杨文采院士经常与青年学生分享自己的人生经验，传递科学精神。他将自己的求学经验总结为三条：第一条是学规律，学习前人总结的规律，在自己的大脑里建立知识库；第二条是用知识，通过写论文，用知识解决问题，将脑海里的二手知识库变成可以随时拿来用的一手知识库；第三条是找规律，利用自己的一手知识库，优化精进前人发现的规律，从而找出更逼近真理的规律。如果做到第三条，就是为人民、为祖国做出了贡献。在一次采访中，杨文采院士结合自己的人生经历，总结了四句话送给青少年："认认真真学西洋科学理论；快快乐乐为祖国奉献知识；在祖国伟大现代化事业中燃烧能量；尽心尽力实现自己有限的人生价值。"

杨文采院士曾说，科学精神是科技界的宪法，是科学人的灵魂。他用"理性、客观、精准、系统、质疑"五个词语总结了科学精神的内涵，鼓励广大青年学者和研究生以科学精神指导思想行为，尊重自然，喜爱科学，精心编织自己的智慧之树，锻造自己独特的精神家园，燃起心中的那盏"明灯"，更好地把握自己的人生轨迹。

在杨文采院士的身上，我们看见了一位科学家的严谨博学、一位老师的兢兢业业、一位诗人的浪漫洒脱以及一位爱国者的无私奉献，他是我们心中名副其实的大先生。

作者简介：

张志琦，浙江大学地球科学学院矿物学、岩石学、矿床学专业2020级博士生，专聘博士生兼职辅导员。

人物名片

杨树锋（1947— ），浙江省绍兴人，中共党员，构造地质学家，中国科学院院士，浙江大学地球科学学院教授，曾任浙江大学研究生院常务副院长、国务院学位委员会学科评议组成员、"教育部含油气盆地研究中心"主任等职。获评"全国模范教师""全国师德标兵""浙江省功勋教师"，并获浙江大学最高荣誉奖"竺可桢奖"等。先后出版《成对花岗岩带和板块构造》《地球科学概论》等专著和教材13部，曾获国家、省部级科技成果奖和教学成果奖十余项。

立德树人、传道授业的全国模范教师

杨树锋

认识杨树锋院士是在学院"双周论坛"系列报告讲座上，而对他印象最深的时刻是在学院2023届毕业生的毕业典礼上，杨树锋院士作为教师代表，送给毕业生三句人生寄语："第一句话，希望大家幸福安康。第二句话，希望大家传承弘扬求是精神。第三句话，希望大家正确地处理好人生道路上成功与失败的关系。"杨树锋院士的大半生时光都在传道授业解惑，对每一位学生都寄予厚望。在他身上，我们看到了教育家的风范和科学家的精神，他是地学人的榜样，是我们心目中的求是大先生！

教书育人，用坚持书写师魂

人生的大半时光，杨树锋都是在讲台上度过的。第一次和"教书育人"这个词挂钩，是在1970年。那一年，杨树锋在浙江省金华县（今金华市）摩诃村插队，农忙之余，他提出要为农民开设扫盲班。后来，公社抽调了四名教师开办中学，杨树锋被选中。由于人手不足，杨树锋需要教多门不同的课程，但每一门课，他都能教好。这是杨树锋教书的起点，"这段经历很短暂，但是很有成就感，从此我爱上了人民教师这份职业"。

1989 年，杨树锋来到浙江大学工作，这一来，就是 30 余年。如今年逾七旬的他，仍然坚守在教学第一线，每年担任三门课的教学工作，从本科生到博士研究生，从非本专业学生到地质专业

祁连山北缘
冲断带构造特征
及含油气远景

杨树锋 等 著

科学出版社
www.sciencep.com

杨树锋院士所著图书

学生，每一门课都取得了很好的教学效果。在他的教书生涯中，"地球科学概论"这门课绝对是浓墨重彩的一笔。1990 年，在多次与国际同行交流后，杨树锋发现国外大学对地学知识非常重视，进而开设了这门面向非地球科学类专业学生的选修课——"地球科学概论"。室内教学与野外实际观察相结合，课堂教学与电视讲座、电视录像相结合的课程形式让这门课大受欢迎，每年的选修人数都是限定人数的两倍多。

对于研究生的课程，经验丰富的杨树锋有一套自己的教学经验。除了一些必要的基础知识需在课堂上传授外，他常常采用放手和检查相结合的方法，布置给学生问题，让学生自己去找资料、分析、总结并提出一套解决方案，他自己定期进行检查，充分发挥研究生的主观能动性。授课方式就这样从单向传授转为双向交流，学生变被动听课为主动学习。这一方法不仅让研究生掌握了必要的知识，而且锻炼了其提出问题、分析问题、解决问题的能力，提高了研究生的独立工作

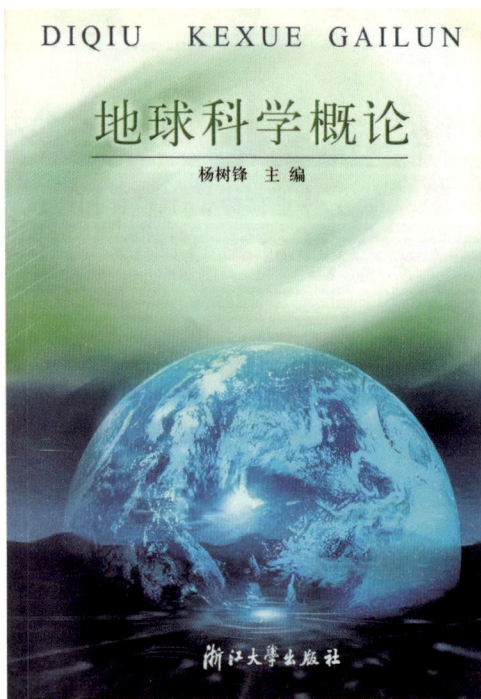
DIQIU KEXUE GAILUN

地球科学概论

杨树锋 主编

浙江大學出版社

杨树锋院士主编的图书

能力。

野外地质考察是地质教学不可或缺的一个环节。每次"出野外"，杨树锋不仅会给学生讲解相关的地质知识，还会传授一些为人处世的道理。他常说，"每个孩子都有一段成长的路，是由教师陪伴度过的。""没有教不好的学生，只有教得不好的教师"。在科教事业上，他对学生不遗余力地教导和培养，因而获得了"全国模范教师""全国师德标兵""浙江省功勋教师"等荣誉称号，并获"宝钢优秀教师特等奖"。

蔚为国用，以脚步丈量大地

杨树锋是中国在 1981 年实施学位制度后培养出的第一个地质学博士。收到大学录取通知书时，杨树锋对地质学还一无所知，但当发现国家现代化建设需要本专业人才寻找相关资源的时候，他的学习热情一下子就高涨了许多。在对花岗岩开展的研究中，杨树锋提出了关于"成对花岗岩带"的新认识，该认识在解决花岗岩与板块构造关系这个科学问题的同时，也可作为鉴定古板块边界的重要依据，并进一步发展了板块构造学说。该成果在 1987 年获得了国家自然科学奖三等奖。1992 年，杨树锋以不同类型花岗岩物性研究为内容申报了第一届国家自然科学基金优秀中青年人才专项基金，在研究过程中他发现了不同类型花岗岩在不同地壳深度的温压条件下出现波速"软化点"的现象，为地壳内部低速层的形成机制提供了实验和理论依据。

杨树锋院士带领团队穿越沙漠寻找地质观察点

科学研究始终要紧密对接国家需求。20世纪90年代末，油气资源紧缺成为制约我国经济社会可持续发展的原因之一。杨树锋毅然离开研究了20多年的领域，投身到当时紧缺的油气资源勘探中去。杨树锋致力于塔里木盆地岩浆作用与板块构造研究，在国家多个重大科技攻关项目资助下，取得了多项重要研究成果。他发现了塔里木盆地早二叠世大火成岩省，建立了塔里木早二叠世大火成岩省演化新模式，丰富了大火成岩省成因理论；提出了板块碰撞远距离效应控制下的中国西部冲断带构造变形特征与控油气作用，丰富了大陆内部构造变形理论，为开拓我国西部油气勘探的新领域提供了理论保障，并获得了多项省部级奖励。这些成就的背后是几十年如一日的努力和坚持。

为了更好地研究构造对我国油气勘探的作用，杨树锋联合我国高校中主要从事盆地构造研究的队伍，组建了"教育部含油气盆地构造研究中心"。他带领团队围绕盆地构造科学前沿和国家对油气资源的重大需求，立足我国最大的弥散型陆内构造变形域和最大的天然气聚集域——环青藏高原盆山体系，开展盆地原型与成盆动力学、盆地变形分析与复杂构造建模、深部结构与盆山耦合、构造变形与地表过程等方面的系统性和前沿性研究，在塔里木早二叠世大火成岩省与大陆动力学、陆内盆山过程与演化、前陆褶皱冲断带构造建模与变形机制、盆山体系

杨树锋院士与学院师生交流

杨树锋院士在工作中

地球动力学和构造物理模拟实验装置研发等方面取得了系统性、创新性成果。研究成果除发表在国内外权威期刊外，更支撑了我国中西部的油气勘探实践，为库车坳陷和塔西南坳陷等多个油气田的发现以及保障国家能源安全做出了重要贡献。

立德树人，为地学鞠躬尽瘁

言传身教是杨树锋育人道路上最常用的方式，他带领的逐梦经纬团队是浙江大学首批"五好导学团队"。他认为，研究生导师应当把立德树人作为首要职责，真正落实到指导研究生的全过程，切实加强修养认识，不断提升责任担当、学术素养和专业水平，以高度的事业心和责任感，切实担负起研究生导师的职责和使命。

在团队成员林秀斌教授的印象里，杨树锋是平易近人的，"一旦讨论课题就会全身心投入，常常是逐字逐句对我们的项目书进行修改"。面对取得的成绩，杨树锋从不骄傲，"油气研究和其他研究不同，绝不是我个人的功劳，因为从野外考察开始，我们就已经形成了团队"，他说，"我只是在其中的一个部分中起到作用"。

他将自己的所有都奉献给了科学研究，早些年很多春节都是在野外或外地实验室中度过，就连儿子出生时他也在科研工作的第一线。去别的单位做实验时，他总是第一个到实验室做好准备工作，并在结束后将实验室整理干净。实验时间产生冲突的时候，他总是先人后己，把白天的时间留给别人，自己晚上通宵。

去野外工作时，他也是冲在前头，事先亲自前往勘察。杨树锋多次因胃出血住院，但对于每项科研工作都亲自参与，为了一个理想的地质现象甚至可以整整一天不吃饭并走上几十公里路。有一次在广东出野外，为了一个花岗岩剖面，他向当地乡政府借了自行车，凌晨4点多出发沿着崎岖不平的山路骑了4个小时赶到剖面，顾不上吃饭连续工作5个多小时，下午2点后背着几十公斤的样品，再骑车4个多小时返回住宿地，直到晚上6点多才吃上当天的第一餐。

杨树锋院士在演讲

    2011 年，在浙江大学建校 114 周年的日子，杨树锋获得了浙江大学教师的最高荣誉奖项——竺可桢奖。领完奖的第二天，杨树锋就把奖金全额返还给了浙江大学教育基金会，用于设立"地球科学奖学金"。他强调："不是'捐'，是'还'。我只是一个平常人，受此殊荣，实在是诚惶诚恐。竺可桢先生是为中国教育事业做出了巨大贡献的人。作为他的传人，我们有责任做好我们的教学和研究工作，担当起他留给我们的这份伟业。"在他的带动下，各届校友捐赠设立"地球科学奖学金"专项基金，该奖项鼓励资助了一批又一批有志于献身地球科学事业的青年学子。

    近年来，面向世界科技前沿问题，杨树锋多次强调学科交叉的必要性和重要意义，积极倡导开展"大数据地球系统科学"研究并构建与之相适应的复合型创新人才培养体系。他在"大数据时代的地球科学""大数据与研究范式革命"等主题报告中指出，迫切需要将地球科学与信息科学紧密地结合，将人类的智慧与

杨树锋院士作"大数据时代的地球科学——简述科学研究方法（范式）革命"的主题报告

人工智能紧密地结合，研究地球、认识地球，解决地球科学的重大科学问题。他强调大数据是国家战略需求，它的发展是必然趋势，把传统学科与大数据结合起来培养复合型人才，是我们目前学习和研究的重点内容。

如今，杨树锋院士依然锲而不舍地奋斗在科教的第一线，年过古稀的他，每年还会坚持去野外考察。他说："将我们每一个渺小的个体置于历史的洪流，完成一项项国家急需任务，必定会产生幸福感，进而激发力量继续为之奋斗。"

作者简介

蒋艳冬，浙江大学农业与生物技术学院2018届博士研究生，现任浙江大学地球科学学院团委副书记、学生工作办公室副主任。

人物名片

祁国宁（1949—2014），浙江大学教授、博士生导师。"全国优秀留学回国人员"，首届"全国优秀科技工作者"。连续10余年担任国家"863"计划自动化领域计算机集成制造技术主题专家组成员、国家"863"计划先进制造技术领域专家委员会委员、科技部制造业信息化科技工程专家组成员。参与编写了《国家中长期科学和技术发展规划纲要（2006—2020年）》。2001年开始享受国务院政府特殊津贴，是中国制造业信息化的奠基者之一，为中国制造业转型升级、提升自主创新能力做出了重大贡献。

春风化雨传道授业，
谦逊儒雅高风亮节

祁国宁

　　我博士毕业后，正在为选择什么工作犯愁。祁国宁教授当时已是制造业信息化领域的国家级专家。有一天，我经过祁国宁教授的办公室，看到门虚掩着，所以就壮着胆子敲门进去。祁国宁教授停下手上的工作，耐心听完了我的困惑后，从国家需求、国内外制造业发展趋势等高度分析了未来的科研方向，我不禁感叹于祁国宁教授的国际化视野，更加折服于祁教授的儒雅气质。后来我有幸成为祁国宁教授的博士后，并在博士后出站后留在了祁国宁教授课题组。如今，虽然祁教授已经离开我们很多年，但是每当经过浙江大学国宁师德教育基地，我都会驻足在展板前，祁国宁教授温文儒雅的形象总是那么亲切，他高尚的师德品格、对我们的殷殷嘱托始终影响着我们青年教师和学生。祁国宁教授是我们为学、为事、为人的典范，是我们心目中的求是大先生。

国宁师德教育基地及展板

心怀大我，科技报国

1986 年，祁国宁获得德国卡尔－杜伊斯堡奖学金，去柏林理工学院进修。在德国留学期间，祁国宁应邀到西门子公司柏林技术开发部负责开发 130MW 燃气轮机转子 CAD/CAM 一体化大型系统。该项目涉及热力计算、强度计算、加工图生成和数控程序生成等技术，要求高、难度大。祁国宁凭着中国人特有的吃苦耐劳精神，常常一天只睡两三个小时，和同事们奋战了一年，终于完成了开发任务。该项成果达到当时国际热能动力行业先进水平，西门子公司柏林动力机厂运用至今。由于成绩突出，他受到时任德国总理科尔的接见。德国西门子等多家著名公司以优厚待遇挽留他，面对远比国内高的工资待遇和先进的研究条件，他还是谢绝了挽留，理由只有一个："我的事业在中国。"

回国后，针对当时国内制造业的状况和特点，祁国宁提出了"先合理化后信息化"的有中国特色的制造业信息化发展道路。

在合理化方面，祁国宁是国内首批提出"大批量定制"概念的学者之一。2003 年，他出版了国内第一本大批量定制领域的专著。同时，他致力于在国内推广大批量定制的理论和方法，相关研究成果获得了 2004 年国家科学技术进步奖二等奖。经过近 20 年的发展，大批量定制从一个相对小范围内的研究拓展为目前非常有影响力的研究领域，很多企业通过实践大批量定制生产技术，很好地

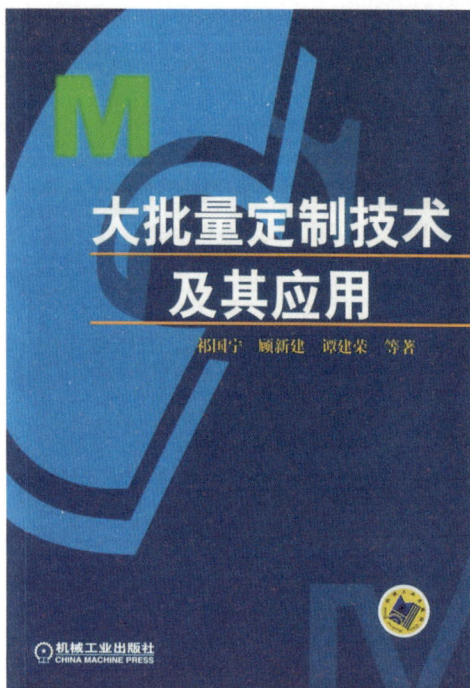

国内第一本大批量定制的学术专著

国内第一本产品数据管理理论专著

祁国宁教授（前排左一）在企业指导大批量定制工作

祁国宁教授与 PDM / PLM 领域的著名学者约瑟夫·萧塔纳（Josef Schoettner）教授同台授课

解决了客户个性化需求与生产成本、质量和交货期之间的矛盾。

在信息化方面，祁国宁与德国产品数据管理（PDM）/产品生产周期管理（PLM）方面的顶级专家合作，将国际先进的 PDM/PLM 理论方法引进国内，并合作出版了专著。同时他亲力亲为，在国内开展大量培训，推广 PDM/PLM 技术，极大地提升了我国的产品数据管理水平。

祁国宁以其扎实的理论功底和丰富的实践经验，连续 10 余年被聘为国家"863"计划的计算机集成制造系统（CIMS）专家、工程院两化融合专家，为我国的制造业信息化奉献了毕生精力。

学高为师，身正为范

祁国宁始终将教书育人作为第一要务。他一生有很多头衔和荣誉，但他最看重的只有一个，那就是教师。祁国宁教授指导的很多学生已成为高校和企业的业务骨干。

2012 年 12 月 22 日，祁国宁教授（前排左四）与学生合影

　　给我印象最深的是祁国宁教授每年都会买个带有日期的笔记本，上面除了记录各种活动安排外，还有很多与研究生的研讨计划。每次与学生讨论，他都会事先做很多准备工作，甚至是很详细的 PPT。有一次，我问他："这些工作为什么不让学生自己去做？"他跟我说："我们这个领域有些很好的资料是德文的，学生都不太懂德语，如果不让学生了解的话很可惜，同时，整理资料的过程也是整理自己思路的过程，只有导师心中对技术方向把握准确了，学生才会少走弯路，才能尽快地出成果，早日毕业。"

　　祁国宁教授要求学生研究问题时一定要充分阅读相关文献，找出关键文献，并追溯到最原始的文献，他自己也是这样做的。在研究产品模型时，设计方法学的原始研究论文和专著他都是亲自查阅。当他在美国的图书馆找到一本 100 多年前的、最早版本的设计方法学的专著时，竟是那么欣喜若狂，因为那本专著的上一次借阅时间已经是 60 年以前了。

　　2010 年，祁国宁教授不幸确诊胆管癌。这一噩耗对我们来说犹如一记晴天霹雳，令人不知所措。但祁国宁教授一边积极地配合治疗，同时也更加不知疲倦

2014 年 5 月 11 日，祁国宁教授（左一）最后一次来课题组给同学们作有关大数据的报告

地投入科研中。他告诉我，"我的时间不多了，还有很多资料没有整理完。现在生病在医院里，反而有更多的时间可以定下心来进行系统梳理"。听完之后，我的鼻子一下就酸了，同时也更深刻地感受到祁国宁教授的乐观品格和奉献精神。

2014 年 5 月，祁国宁教授身体已经非常虚弱了。当医生告诉他接下来他可能需要卧床后，他立刻决定要回学校给学生作一次学术报告，把他在生病期间的最新研究成果分享给同学们。2014 年 5 月 11 日，我将在读和已毕业的学生聚在一起，祁国宁教授很高兴，连续为同学们作了两个多小时的关于大数据的主题报告。

祁国宁教授去世后，为感恩他的培育和指导，2021 年，工业工程 2004 届硕士毕业生邵晨曦先生出资 1000 万元成立"浙江大学国宁桃李专项基金"和浙江大学国宁师德教育基地，继承和弘扬祁国宁教授"心怀大我，科技报国""学高为师，身正为范"的师德精神。

谦谦君子，温文尔雅

对待同事，祁国宁教授从来都是宁愿自己辛苦一点，也不愿意给别人带来麻烦，哪怕是与他合作最密切的团队中的老师们。有一次，有一个科研项目需要申

2014年，祁国宁教授和医生、护士在一起

报，而此时祁国宁教授正在北京出差。大家希望把讨论时间定在他出差回来之后，但是如果几天之后才能确定申报技术方案，到截止日期的时间就比较紧迫。虽然也能完成申请书写作，但就需要熬夜加班，比较辛苦。祁国宁教授知道后，连夜从北京飞回杭州，第二天讨论完再赶回北京。他说："我自己麻烦一点没关系，不要让大家因为我而过于辛苦。"

对待身边的人，祁国宁教授也是处处站在他人角度考虑。有一年学校给教职员工发米、油等年终福利。我本想把属于他的那份送到他家里，他却嘱咐我不要

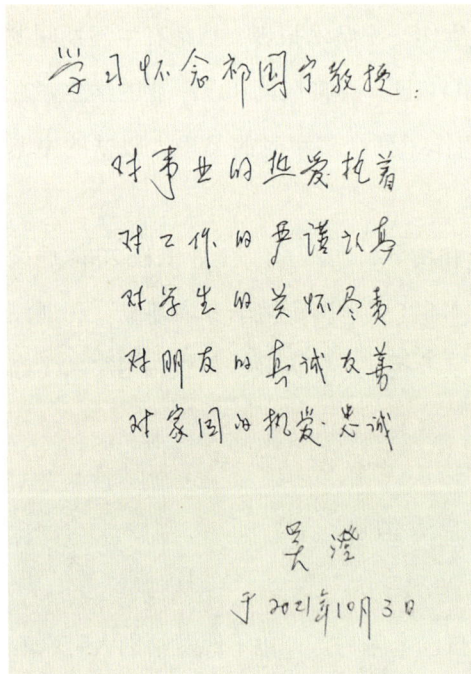

学习怀念祁国宁教授：

对事业的挚爱执着
对工作的严谨认真
对学生的关怀尽责
对朋友的真诚友善
对家国的机发忠诚

吴澄
于2021年10月3日

吴澄院士题词

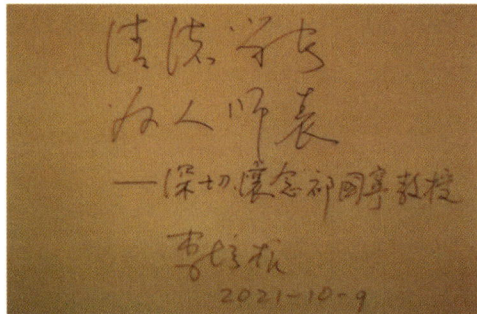

清流学者
为人师表
——深切怀念祁国宁教授

李培根
2021-10-9

李培根院士题词

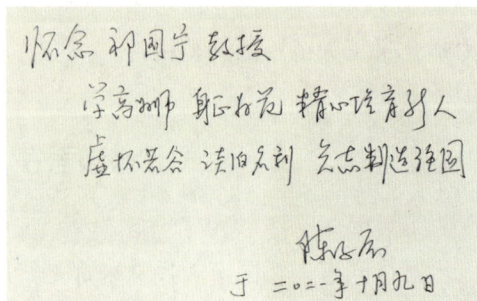

怀念祁国宁教授

学高丽师 躬正为范 精心培育新人
虚怀若谷 诲旧如新 无怨制造强国

陈子辰
于二〇二一年十月九日

陈子辰教授题词

送到他家，而是送给彼时玉泉校区第一教学大楼（当时祁老师的办公室所在地）的值班员胡师傅。他说："胡师傅可能不在学校发福利的范围内，你把我的这一份给他，让他也能感受些过年的氛围。"同时还特意嘱咐我，要对胡师傅说他自己怕麻烦，不想把这些东西带回家。

祁国宁教授就是这样一个处处为别人着想的谦谦君子，凡是与他打过交道的人都为他的为人处事所打动，包括生病期间照顾他的医生护士。所以当祁国宁教授去世后，为见他最后一面，很多医生护士都放弃休息，从家里赶回医院，为他更换衣服，整理仪容。浙一护士（化名陶子）更为此专门写了一篇纪念长文《祁老师和他的医护儿女：1610个日夜，76份期盼》，被多家媒体转载，引起了很大的反响。

在祁国宁教授的追思会上，吴澄院士曾说："祁老师这个人，人品好，学问好，两个方面都好，很不容易，显示了他的人格魅力。"李伯虎院士也讲述了自己的感受："祁老师实实在在是个好人，为人正直，特别愿意帮助人，为人非常谦虚，对工作是兢兢业业。不管什么样层次的人，都觉得祁老师确实是好人。"

作者简介
纪杨建，祁国宁教授的博士后，现为浙江大学机械工程学院教授、工业工程研究所所长。

人物名片

黄祖辉（1952—　），上海人，中共党员，浙江大学求是特聘教授（一级）、博士生导师，浙江大学中国农村发展研究院创始院长、首席专家，中央农办、农业农村部乡村振兴专家咨询委员会委员，浙江省高质量发展建设共同富裕示范区咨询委员会委员，浙江省农业经济学会名誉会长等。曾任浙江省政府咨询委员会委员（1998—2023）、中国农业经济学会副会长（2018—2023）、中国农村合作经济管理研究会副理事长（2015—2020）。2001年开始享受国务院政府特殊津贴，曾获中国合作经济年度人物理论贡献奖（2008）、浙江大学教职工最高荣誉"竺可桢奖"（2022）及全国优秀教师（2009）荣誉称号。

情系"三农"，
无悔人生

黄祖辉

　　自 2019 年进入浙大农经专业以来，很幸运可以在硕博阶段遇到黄老师，一直得到他的指导和帮助。黄老师一次又一次地给予我成长的机会，从硕士阶段的毕业论文选题到终稿的修改，再到博士申请，黄老师都一如既往地支持和鼓励我。即使自身工作再繁忙，黄老师也总会抽出时间指导我，并提出宝贵的建议。每次与黄老师交流，我都能感觉到自己的焦虑和压力有所减轻；无论是生活琐事还是未来规划方面的指导交流，都能让我感受到黄老师对学生的关心和照顾！黄老师不仅在学术上治学严谨、学识渊博，在生活中更是平易近人、爱生如子，会尽自己所能提携和帮助每一位学生。黄老师胸怀家国、兼济天下的广博情怀也深深影响着每一位学生。他深受师生们爱戴，是无数学子在"三农"研究道路上的偶像。

入门"三农"缘知青

黄老师是上海人，1969 年，年仅 17 岁的他从上海来到黑龙江北安县（今北安市）引龙河国有农场良种场，在黑龙江的黑土地上一待就是九年。也正是因为如此，他把对"三农"问题的热爱转化为自己毕生的研究方向，他的微信名也一直是"黑土地"。黄老师向我们讲述他的知青经历时谈道："我干了九年的知青，尽管很辛苦，但是，学到的东西不少，只有经历过这种最底层的，才能看到中国的发展问题，比如农民问题，所以这也是我后来一直从事'三农'研究的一个初衷。"

1977 年下半年，国家恢复了停止十年的高考，仅读过一年初中的他考上了黑龙江八一农垦大学，成为恢复高考后的首届大学生。虽然当时读的是财务会计专业，但他的兴趣却是政治经济、农业经济和农村发展方面的课程。大学期间，他与同班的另外三位知青同学结合各自在农场下乡的经历，经过独立思考和相互交流，写了一篇《应重视国营农场的经营管理》，并寄给了当时在国内经济学界颇有名气的于光远先生，想得到他的指教。这篇文章得到了于先生的重视，他不仅赞同黄老师和同学们的观点，而且推荐此文在《经济研究》1978 年第 12 期上发表。这不仅是黄老师从事"三农"研究的处女作，而且也正是这篇文章激发了黄老师对"三农"问题的研究兴趣，让他从此走上了研究"三农"的道路。

1982 年初，刚刚大学毕业的黄老师选择去江苏农学院农经系任教，一年半后，又选择继续攻读研究生，师从赵明强先生。在那期间，黄老师参与了不少调研活动，据他回忆，印象最深的是 1986 年参加浙江省经济发展研究中心组织的"浙江省山区经济发展调查"。那时浙江山区的道路交通极其不便，杭州到丽水不通火车，一路上都是崎岖不平的山路，坐汽车差不多要两天才能到，但也正因此，他看到了山区农民艰辛的生产与生活。1987 年，他参与了时任农业部政策法规司司长郭书田牵头的"农村工业化与城镇化发展调查"，这次调研加深了他对中国城乡二元经济社会的理解，调研成果之一的《浙江专题报告》还被编入了《失衡的中国》（1990 年）一书。

黄祖辉老师（前一）年轻时
在北大荒引龙河农场

黄祖辉老师重返北大荒（前排左四）留影

研究"三农"有定力

1986年7月，黄老师完成了研究生学业，留校任教，开始了持续至今的"三农"教学科研与人才培养工作。1992年底，黄老师获得浙江大学包氏（包玉刚、包兆龙）基金资助，赴瑞典农业大学经济系参加为期一年的高级访问项目。在国外学习期间，黄老师不仅阅读了很多国际文献，同时也全程学习了该校博士生的"新制度经济学"课程，复印了许多与此相关的经典文献，把这些资料分批邮寄或托运回国。为期一年的海外访学与合作，不仅为黄老师参与后续的国际学术交流和深化合作打下了良好的基础，也使黄老师对中国"三农"问题在理论上有了更深刻的理解和更深入的研究，并将"农业产业组织与制度安排"作为他"三农"研究的重要方向。在此后的很多年，黄老师一直为研究生开设"新制度经济学与农业农村发展"这门课，把自己丰富的经验和知识传授给一代又一代的学子。

黄老师是国内最早提出进城农民"市民化"概念和政策主张的学者（《农村工业化、城市化和农民市民化》，《经济研究》，1989年第3期），该成果获得浙江省哲学社会科学突出学术贡献奖（2008）；他也是最早在浙江省两会（2002）上与其他两位委员共同提出"暂停征收农业税"建议的专家，还在理论和立法层面推动浙江省在全国率先出台了农民专业合作经济组织条例（《浙江省农民专业合作社条例》，2005）。从教40多年来，黄老师先后主持过国家社科基金重大、国家自然科学基金重点、教育部重大攻关等研究项目，发表中外学术论文300余篇，撰写决策咨询报告100多篇，出版专（译）著10多部，10多项成果获省部级以上奖励。2018年，黄老师在《经济学家》国内学者影响力总被引频次前50人中，位居第七名。2024年，黄老师分别成为《中

《光明日报》报道（2011年7月5日第7版）

国农村经济》和《农业经济问题》这两本国内"三农"顶尖学术期刊自创刊以来发文量和被引频次最多的作者。在黄老师看来，时代在不断前行，对于拥有十几亿人口的中国来说，"三农"是个"大富矿"，研究"三农"、服务"三农"无止境，一定要有定力和恒心。

脱贫攻坚倾全力

从事"三农"工作 50 多年来，黄老师始终心怀"国之大者"，不仅精研学术，而且还亲力亲为，全力投身国家脱贫攻坚事业。2021 年，他获得"浙江大学脱贫攻坚先进个人"荣誉称号。

2013 年，黄老师受聘为浙大对口帮扶云南景东彝族自治县的经济发展顾问，这个任务一接就是 10 年。2700 多公里的行程，辗转十几个小时……尽管路途遥远，黄老师依然坚持每年至少赴景东 1 次，开展调研指导、举办学术讲座，为景东经

黄祖辉老师（左三）在景东调研

济社会发展"把脉问诊"、建言献策。他还带领浙江大学"农业现代化与农村发展研究中心"（英文简称 CARD，中文简称"卡特"）成员和学校相关技术专家，帮助景东推进脱贫攻坚，解决当地发展遇到的困难。

作为景东经济发展顾问的黄老师给当地提了不少"金点子"。黄老师在一次调研中发现，当地的特色农产品非常丰富却迟迟打不开销路，核桃产业就是其中之一——在山路十八弯的一个村头，一棵被称为"核桃王"的有 500 多年树龄的核桃树，每年还能产 200 斤左右的核桃。黄老师听说后立刻前往实地调查，指导村民对核桃进行分级分类，还一度认领了这颗"核桃王"，帮助打造山区核桃产业品牌，开拓市场销路。

创建"卡特"聚合力

1999 年，黄老师作为掌门人，创立了"卡特"，并入选教育部首批人文社科重点研究基地；2006 年，在该基地的基础上，他又汇聚校内外研究"三农"问题的先端力量，组建了浙江大学中国农村发展研究院。2004 年，黄老师获批首批国家社科基金重大项目，主持"解决中国'三农'问题的理论、思路与对策研究"。立项后，黄老师组成了一支 20 多人的研究团队，其中包含经济学、管理学、社会学、农学等诸多学科专家，经过 4 年多的联合攻关，系统提出了解决"三农"问题的总体构想、基本思路和具体对策。黄老师担任"卡特"和农经学科的负责人以及首席专家的 20 多年来，浙江大学农林经济管理一级学科在历次国家学科评估中连续五轮名列（并列）全国同类学科的第一，并被列为国家"双一流"建设学科。同时，"卡特"也入选全国高校高端智库联盟的首批成员单位。

作为"掌门人"的黄老师始终认为，随着农业转型与市场化进程的加快，"三农"研究必须拓宽视野，不断丰富研究内容，尤其是要通过学科之间的交叉，形成新的研究方向，才能持续保持活力。基于这种想法，黄老师与传媒、电商等领域的专家合作，在"卡特"建立了农民合作组织、农业品牌、农村电商三个研究中心，希冀聚焦中国农业农村发展中的农民组织化、农业品牌化和电商化等重点问题和难点问题进行研究。经过多年的发展，"卡特"的运行机制日趋成熟，一大批具有国际影响力的成果在"卡特"问世，一大批研究人员在"卡特"茁壮成长，在"三农"学术研究、决策咨询、人才培养、体制创新等方面取得

了显著成绩，已成为在国内外具有较高声誉和影响力的科研平台，先后得到了时任省委书记习近平和国家相关部委、领导的高度评价。

2009 年 10 月 11 日，《光明日报》以"'三农'研究的整合之道——浙江大学'卡特'现象解密"为题，报道"卡特"的成功经验。同年 10 月 16 日，《教育部简报》（2009 年第 15 期）推出题为"浙江大学农业现代化与农村发展研究中心服务'三农'有为有位有贡献"的报道。《农民日报》（2009 年 10 月 21 日）以"浙江大学'农业现代化与农村发展研究中心'整合多学科资源，打造学术品牌——占领'三农'研究制高点"为题，在头版报道了"卡特"的创新发展模式。与此同时，

2022 年，《黄祖辉文集》出版留影

《光明日报》（2011年7月5日）以"'三农教授'黄祖辉"、《农民日报》（2011年8月3日）以"农经学者黄祖辉"、《观察与思考》（2011年第9期）以"'三农高参'黄祖辉"为题，对黄老师进行了系列专题报道。2023年3月17日的《中国青年报》还以"浙大黄祖辉的53载'三农'情"为题，为黄老师作了专题报道。

春风化雨润桃李

黄老师曾不止一次说，他这辈子最大的财富就是有一大帮学生。执教40多年，他将自己大部分的时间都奉献给了学生，奉献给了他热爱的"三农"事业。1989年以来，黄老师总共指导和培养各类学生200多人，其中半数以上至今仍活跃在"三农"领域，已有10名弟子申请并主持了国家社科基金"三农"领域的重大项目，多人获得了国家和地方的各种人才称号。黄老师善于根据学生个人特点及其感兴趣的研究方向，再结合与学生共同商议的结果，帮助其找到最适合的研究领域；还会利用科研课题，为团队的研究生提供丰富的实践调研和学术会议机会，让学生在文献学习的基础上切实了解研究对象和场景，对中国"三农"问题有更深刻的体会。黄老师曾说："我的研究方向是比较广泛的，一是因为中国'三农'问题具有复杂性和多样性，二是因为我要满足我的学生们对于不同研究方向的偏好，所以我必须不断学习，不断拓展自己的研究领域。"

在学生们的心中，黄老师并不仅仅是导师，他更像是一位父亲、一棵大树，为大家遮风挡雨，只要有他在，一切困难都可以被克服。骄傲时有他的劝诫，悲伤时有他的安慰，困难时有他的帮助，幸福时亦可以与他分享。在不少学生的婚礼上，黄老师都会担任证婚人；每年秋季，"黄家军"都会举行一次大型聚会，工作在全国各地的毕业生们奔赴而来，大家聚在一起，向黄老师"报告"自己的工作、学习，甚至是家庭的情况，黄老师会一如既往地关心鼓励每一位学生。大家纷纷表示，每年的师门聚会都会让自己积蓄力量，收获不断前行的动力。

黄老师经常告诫我们，农村在中国社会是独特的存在，不了解农村就不能说了解中国。他告诉我们一定要到基层去，"历练还是重要的，否则就不知道社会，

黄祖辉老师（右五）参加2004级学生——灵均投资董事长——蔡枚杰（左五）捐赠仪式

2023年11月，"黄家军"在浦江聚会（二排左八为黄祖辉老师）

真正到社会上能打拼的，一个是学的知识，但更重要的是，你能不能在基层社会有历练和磨炼"。2022年10月，黄老师出资并发起成立了"浙江大学教育基金会中国农村发展研究院辉农教育基金"，得到了社会热心人士和企业的支持。他设立这一基金的目的就是要支持和鼓励大学生深入乡间地头，开展田野调查，熟悉农村、了解国情，更好地服务"三农"，更好地开展"三农"领域的研究。

研究"三农"问题已成为黄老师一生的追求。如今，我国如期完成脱贫攻坚历史任务，迈向全面推进乡村振兴的新征程，而年逾古稀的黄老师仍奔走在"三农"工作一线，乡路常常一走就是数小时，他却依然乐此不疲。黄老师说，他最喜欢到农村去与农民聊天，也最喜欢吃农家菜。只要身体允许，只要有时间，就会去农村走走，这已经是他人生的快乐之所在了。

作者简介

崔柳，浙江大学公共管理学院农村发展专业2019级硕士研究生，农业经济管理专业2022级博士研究生。

人物名片

叶高翔（1958—　），中共党员，浙江长兴人，教授，博士生导师。曾任浙江大学党委副书记，杭州师范大学党委副书记、校长，浙江科技学院（现浙江科技大学）党委副书记、院长。曾获浙江省高等学校教学名师奖、"华东五校"教学奖及全国师德先进个人、浙江省高校优秀共产党员、浙江省高校"三育人"先进个人、浙江大学教书育人标兵、"我最喜爱的浙江大学老师"等荣誉称号。

立德树人的启智恩师，
言传身教的模范先生

叶高翔

"小章，谢谢你们，我们只是来参加活动，你们需要在幕后工作，辛苦了。"每次举办活动后遇到叶高翔老师，他都会这样说。虽然是本职工作，但当幕后工作被一位大教授关心时，还是会因为自己所贡献的那一份力量被看到而感到荣幸和开心。在与叶高翔教授不算多的接触中，真切地体会到了叶老师为人师表的人格魅力。

从"新"而心，做好引路人

在平凡的教师工作岗位上耕耘近 40 年，爱岗敬业，教书育人，施教以"新"更以"心"，叶高翔老师不断地向青年学生传递着正能量。

2018 年 12 月卸任外校行政岗位回到物理学院后，在惯常的一线教学之外，叶老师更专注于"学困生"的引助育化，他与物理学院党委一拍即合，开设了"叶

叶高翔老师参加求是学院名师工作室交流会

高翔工作室"。白天教学科研任务重，叶老师就利用每周五晚上的时间与预约学生面谈，不断创新咨询方式。2020 年初，在物理学习上几次亮红灯并收到"退学试读"通知的 A 同学找到了叶老师，请求帮助。在倾听了这位同学的迷惘、痛苦之后，叶老师与他"约法三章"：要自省改过，要加强体育锻炼，他会定期检查督促。经过整个春夏学期的努力，这位同学的成绩有了很大提升，特别是"计算物理"，从重修之前的超低分竟提高到了 96 分，换算成五分制，那就是 5.0 的"满绩"。在过去 5 年里，他先后帮助了 16 名"退学试读"学生。通过共同制定学习生活计划、签订"督促协议"、每月检查交流、定期面谈鼓励等形式，用持续的付出和真诚的沟通与学生交朋友，帮助学生逐渐养成良好的学习生活习惯，迄今已有 9 名学生顺利毕业。

因为真诚关爱、全心帮助、实效显著，2021 年物理学院将"叶高翔工作室"介绍到求是学院，面向更广泛的一年级学生开展学习生涯指导服务。叶老师每周

2022 年 3 月 17 日，浙江大学求是学院育人导师聘任仪式

叶高翔老师（二排右六）参加求是学院名师工作室总结交流会后合影

五晚上接待本科生预约咨询，开展一对一指导，已帮助 300 余名大学生改善了中学、大学衔接过程中的不适应情况，有一半以上同学取得了明显的进步。2022 年 3 月，叶高翔老师被学校聘为"一站式"学生社区育人导师。

作为一位教育工作者，叶老师的育人理念正不断以更广泛的形式发挥着影响力。"叶高翔工作室"自成立以来，起到了很好的示范作用，求是学院陆续开设了一系列"名师工作室"，基础学科的一线主讲教师纷纷下"基层"，每周固定为学生答疑解惑。叶老师的思想政治教育方式也极大地推进了物理学院构建"一线、两翼、四维"高质量物理人才的思政工作体系建设。2019 年，经物理学院学生提名、全院教师票选，叶高翔老师当选"浙江大学竞辉教授"。该冠名教授席位由浙江竞辉电子有限公司给予浙大教育基金会支持，聘期 3 年，以鼓励教师发挥教学示范、科研模范和师德师风的典范作用，叶老师获此殊荣实至名归。

教学示范，愿做改革者

叶高翔老师始终将教书育人作为第一要务，他长期耕耘在教学一线，即使在承担繁重的行政工作任务期间，也从未间断过教学工作。在物理学院执教以来，他先后担任了"近代物理""群论及其在物理学中的应用""原子物理""量子物理学""物理学与人类文明"等多门课程的主讲教师，教学工作量极为饱满。

叶老师的"物理学与人类文明"课程设计始终秉持"与时俱进"的原则，坚持顺应我国高等教育改革发展的形势及要求。这门课开设 20 多年来，热度至今不减，为学生奉献了一堂堂生动的人文物理课程，被称赞为"一门学生想让老师拖堂的课"。叶老师与共同任教的盛正卯教授兢兢业业，在国际和全国范围内进行广泛的教学调研，深入了解大学生实际需求，以促进学生成长成才为出发点和落脚点，不断优化教学内容和授课方式，挖掘课程所蕴含的课程思政元素，一边查找大量资料，一边参与研究领域外（特别是侧重人文素养）的报告、讲座。每年暑假，两位老师都会聚在一起，共同探讨下一学期的开课方案，根据每一届学生的特点，"量身定制"教案，及时将立德树人、课程思政等纳入课程内容；根

叶高翔老师为本科生授课

据教学需要，精心撰写课程教材，制作课件和题库，选取当下热点编辑佐证事例，让学生切实感受到物理知识就在身边且与自己的生活息息相关，真正实现了课程知识教育和思想政治教育的有机统一。

"物理学与人类文明"课程于2000年入选学校"国家大学生文化素质教育基地课程"，2002年成为浙江大学精品课程，2004年成为全国首门科学素质教学的国家精品课程，2013年成为国家级精品资源共享课，2018年荣获国家级教学成果奖二等奖，2023年成为"国家级（线下）一流本科课程"。同时，根据教育部要求，两位老师还广泛开展教学交流与合作，努力做好国家精品课程"物理学与人类文明"的推广辐射工作，做到资源共享，共同提高。迄今全国各高校网上选课学生数超过十万人。

2000年1月，盛老师、叶老师编著出版了国家"十一五"规划教材《物理学与人类文明》。该教材已获得诸多荣誉：普通高等教育"十一五"国家级规划教材、国家精品课程教材、国家大学生文化素质教育基地教材等。作为该课程的辅助教材，2015年1月，叶老师出版了《科学思辨二十四则》专著。

甘当铺路石子，基础教学改革先行先试。2020年春夏学期，叶高翔老师在全校范围内面向非物理类理工科大学生，开设"量子物理学"新课程，迄今为止该课程已开课四次，教学效果良好。作为任课教师，他根据学校和学院教学指导委员会"厚基础、重应用"的要求，进行了大量的调研工作，设计了"量子物理基础＋工科应用"教学内容，不断挖掘具有前瞻性、典型性的案例，将思政元素融入知识点的讲解中，编制了相应的讲义、教学大纲、课件、试题库等。此外，在教学"原子物理"时，叶老师还增加了如"科学有无国界""科学发展与国防现代化""浙大精神""优良学风建设"等诸多课程思政元素，不断增强学生的责任感和使命感；每年还组织学生赴

《物理学与人类文明》（浙江大学出版社）封面

叶高翔老师带领学生赴嘉兴秦山核电站开展教学调研参观

秦山核电站观摩学习。他将爱国主义教育与专业教学相结合，充分激发学生的爱国精神和科学情怀，在课程思政建设方面取得可喜成果。2023 年，"原子物理"课程入选浙江大学第二批本科课程思政示范课程。两门课程的教学改革成果均已上线"学在浙大"教学平台，实现了线上、线下或线上线下混合授课，打破了时空的局限性，发挥了很好的教学效果。

2006—2018 年，叶老师先后担任浙江省高等学校大学物理课程教学指导委员会主任委员和副主任委员；2013—2018 年，他被聘为教育部高等学校物理学类专业教学指导委员会委员。叶老师担任浙江省物理学会副理事长近 20 年，为浙江省高校物理教学改革、大学物理创新实验竞赛、青年教师教学技能培训及竞赛等做了许多工作。

身正为范，甘当燃灯者

作为一位科学工作者，叶高翔老师是创新精神的积极践行者。在科研方面，他大胆突破了"固相基底"的传统观念，率先在液相基底表面制备连续薄膜、分支状原子凝聚体、纳米原子团簇、低维纳米晶体等方向取得成功，并对此类新型系统的生长机理、微结构及演化、物理特性等进行了深入研究，取得了较好成果。他先后主持国家自然科学基金项目 6 项、浙江省自然科学基金 3 项，并与德国亚琛工业大学、德国于利希研究中心、英国约克大学、日本名古屋大学开展国际合作研究。先后在《物理评论快报》（*Physical Review Letters*）、*Physical Review B*、*ACS Applied. Materials & Interfaces* 等杂志上发表 SCI 论文 80 余篇。量变是质变的基础，要实现创新，就离不开脚踏实地的长期探索与钻研。叶老师也曾遇到过一次次的失败、怀疑甚至否定，但这些都没有让他停下来。经过 20 多年的努力，他在这一领域的深耕换来了可喜的成果，形成了新颖独特的研究分支。正如他说的那样，科学研究需要长期坚持，坐得住"冷板凳"。"师者，所以传道、授业、解惑也。"叶老师以他的勤奋、学识和业务能力赢得了学生们的一致喜爱："叶老师是真正的育人导师，真正地做到授之以渔，他耐心地倾听我的想法和顾虑，

叶高翔老师（右二）指导学生进行实验操作

把自己的经验和见闻分享给我，把探索的方法告诉我"；"叶老师是一位非常有活力，也是非常热爱物理的老师，他的感染力是真的能影响到我们学生的"；"叶老师所教我的做人、做事、做学问的道理，让我受益匪浅"。

叶老师教书育人润物无声，对待工作严谨细致、一丝不苟，他还是一名值得我们年轻党员学习的优秀共产党员。在物理学院的教学科研一线，叶老师始终秉承"做王淦昌式的好老师、培养程开甲式的卓越学子"这一教育教学理想，践行爱国爱党、专业精湛、勇于创新、不囿于物的精神要素，注重教学理念与方法创新，培育了大批优秀学子。他坚持立德树人，引导学生坚持爱党爱国，服务国家战略，为中华民族的伟大复兴而努力学习研究，将来做为国为民的大先生；他鼓励学生大胆创新，坚持学术诚信与规范，严谨求是，团结协作；他要求学生积极锻炼身体，劳逸结合，团结友好，助人为乐；他自己率先垂范，刻苦努力，希望做求是园中的大先生。

叶老师说："我认为学生工作一定要不断与时俱进、探索创新，以智取胜，新时代要求青年德才兼备，人文素养与科学精神并举。"作为一名人民教师，教书育人是荣誉，也是责任，教师理应为广大同学的成长成才尽心尽责，引导学生不断进取、求是创新，将立德树人、人生观、价值观等教育自然融入专业知识传授的全过程。他始终把教书育人视为教师的使命追求，将深邃的人生哲思融入物理学的浩瀚宇宙。叶高翔教授正以实际行动激励、培育一代代浙大学子的求是之魂、创新之光。

作者简介

章晨，浙江大学物理学院凝聚态物理专业2016届硕士研究生，现为浙江大学物理学院人事人才科科长。

人物名片

顾大强（1963— ），浙江嘉兴人，中共党员。浙江大学机械工程学院教授，设计工程及自动化系副主任，机械工程国家级实验教学示范中心副主任。曾任教育部机械基础课程教学指导委员会委员、浙江省高等学校本科教学指导委员会－机械类专业教学指导委员会委员。编著有《机械设计基础》《机械设计》《机械设计课程设计》等。曾获国家教学成果一等奖、浙江省高等教育教学成果一等奖、宝钢优秀教师特等奖提名奖、浙江大学唐立新教学名师奖、浙江省第三届师德先进个人等。

做学生成长的
引路人

顾大强

    顾大强老师始终坚持以立德树人为根本，以学生成长为中心，投身拔尖创新人才培养工作，扎根教育教学一线 35 年。曾获得宝钢优秀教师特等奖提名奖、浙江大学唐立新教学名师奖。此外，顾大强老师还担任了全国大学生机械设计竞赛、中国高校智能机器人创意大赛等多项赛事的指导教师，在他的指导下，学生共获得国家级奖项 100 余项。

    顾老师不仅在指导学科竞赛上取得了非凡成就，在教学创新方面也颇有建树。他重视培养学生的创新精神和实践能力，使学生在自我探索中获得知识和技能。他曾获得浙江省第三届师德先进个人奖项，获评浙江大学优秀研究生德育导师、学院"我最喜爱的老师"等荣誉称号。其教育创新实践和深厚的师德影响了一代又一代浙大学子。

一句话改变一生

2006 年顾大强老师受学院委派，负责筹建浙江大学机械与能源学院（今机械工程学院和能源工程学院前身）学生创新实验室并担任实验室主任。实验室基于工程背景建设，旨在为学生提供具备合作性、问题性和实践性的实验环境，使得学生能够在实践中完成课题。自建设以来，实验室吸引了来自不同学科的学生，参加机械设计竞赛的学生也会在这里备赛，其中就有后来以"百人计划研究员"身份回到浙大任职的杨宗银。当年，在顾老师的指导下，杨宗银获得了包括全国机械设计大赛一等奖在内的多个竞赛奖项，他对顾老师当年的指导记忆犹新："你要用最简洁、最巧妙的方法，实现复杂的功能。"这句话是杨宗银创新思维的启蒙，对他的科研之路产生了深远的影响。本科毕业后，杨宗银被保送至浙江大学光电系攻读硕士学位，之后于剑桥大学电子系攻读博士学位。在这几年的求学时光中，他始终践行着顾老师当年的教导，正是这种解决复杂问题的创新思维方式帮助他克服了科研过程中的种种困难，取得了丰硕的成果，在激光器和光谱仪等领域达到世界顶尖水平。2023 年杨宗银入选《麻省理工科技评论》（中国区）35 岁以下科技创新 35 人榜单，并获得 2023 年度阿里巴巴达摩院青橙奖。回到母校任教后，"用顾老师的方法教导他的学生，传承创新思维，改变更多人的人生"成为他指导学生的准则。

顾大强老师（右二）向学院领导介绍实验室

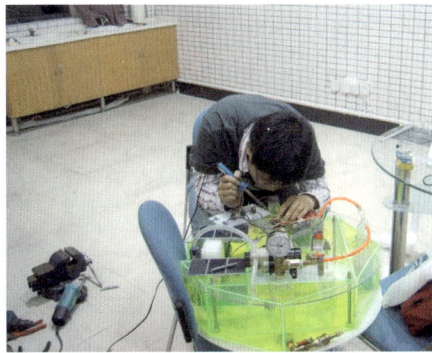

杨宗银在学生创新实验室准备机械设计大赛

除了杨宗银，其他参加机械设计大赛的同学也在顾老师的指导下发掘出了自己的潜力，为将来的学习和工作打下坚实的基础。2007年，顾老师指导的3支队伍在全国大学生机械创新设计大赛上获得一等奖。如今，当年获奖的这批同学已分别在军队、企业和高校里做到了行业顶尖水平，大部分同学还会经常拜访顾老师，感谢他的培育之恩。

2007年，顾大强老师（左一）指导的3支队伍在全国大学生机械创新设计大赛中获一等奖

学生眼中的好老师

不论是在课堂上还是在生活中，顾老师都十分重视与学生的交流和互动。课堂上，他对待教学严肃认真，他会为学生讲授实际的工程经验与案例，希望通过对现实情况的分析让他们充分理解所学知识点。虽然他十分严厉，但是学生们往往会给予他的课程很高的评价。在生活中，顾老师给人的第一印象却是平和，"顾老师对学生很好"这个课程评价收获了许多点赞。自2004年学校教务管理系统建立评价体系以来，顾老师所授课程的优良率始终保持在100%，教学工作得到师生一致认可。"我想学院里的同学大概没有不觉得顾大强老师是位好老师的吧。"这是顾老师

顾大强老师（左二）在对学生的机械创新设计竞赛进行指导

在被提名永平奖教金时，学生在接受采访时的评价。

顾老师以极高的创新热忱投入课程建设，精心设计好每堂课、每个实践项目。在课程建设中，2010年以来他探索开展了一系列与海内外一流高校互动实践项目。他所负责的浙江大学机械工程学院与美国北卡罗来纳州立大学大学生创新设计实践项目"Real Industry Redesign Project"，每年都能取得优异成果。顾老师负责的教学案例也入选了高等学校国家级实验教学示范中心联席会等单位组织出版的教学案例汇编，并受邀在高等教育出版社发起的高校机械类课程教学系列报告会上作大会报告。2018年，顾老师荣获"机械工程学院教育教学国际化贡献奖"。

国际化实践项目师生合影

浙江大学－三菱自动化实验室建设留影（左二为顾大强）

在实验室建设中，他积极探索个性化、探究性实验设计与创新实验项目，其中浙江大学－三菱自动化实验室已成为机械工程学院实验教学中心对外展示的窗口，获得国内同行的高度认可。

顾老师在机械工程学院执教已有35年，已经到了退休的年纪，但仍被学院延聘继续工作。虽然年逾60岁，但顾老师的工作热情和活力依旧像年轻人一样。实验室常有毕业多年的师兄师姐回来看望顾老师，与顾老师谈天说地，顾老师也会询问他们现在的生活状况和工作内容，表达关心。"如果毕业学生的工作内容与我们的教学内容有很大差别，说明教学需要跟上时代做出创新和改变了。"

学生人生路上的好导师

从入学时的专业选择，到学业进行时的方向选择，再到毕业时的就业选择，顾老师常常在学生关键的人生抉择点上给予他们帮助。

顾老师关心育人工作，主动提出加入招生宣传工作，并积极参加公益性的专业宣讲活动。2021年5月，顾老师赴无锡市天一中学为高中生讲解大国重器，有趣的机械世界引得同学们惊叹连连。同时，顾老师也为学生选择专业提供咨询，为学生们答疑解惑，在《教授带你"逛"专业》一书中便有他撰写的关于机械工程专业的介绍。顾老师自2006年起便参与制定学院每一年的专业培养方案，他始终强调"扣好学生的第一颗扣子"特别重要。

被聘为"求是学院育人导师"后，顾老师开始为同学们的成长提供一对一的咨询与帮助，他在"名师工作室"的个人咨询名额总是需要同学们"秒杀"才能抢到。本科一年级的蔡同学在与顾老师交流后感叹："与顾老师的一对一咨询是我特别珍贵的经历，顾老师耐心地解答了我的困惑，其中对于长远规划的指导更是令我受益匪浅，这是我平时无法获得的。顾老师还会根据我的问题有针对性地提出看法和建议，这类指导十分有必要而且意义非凡。"

顾大强老师（右一）走进中学，为学生们讲解大国重器，并提供专业咨询

"名师工作室"中，顾大强老师与同学一对一交流

顾大强老师（右一）参加班级活动

　　当学生们即将毕业并以全新身份进入社会前，常常会因未来的不确定性感到焦虑，会对未来的工作和生活感到压力。在毕业前的聚会上，喜悦、迷茫、焦虑会映在每位同学的脸上。顾老师看在眼里，记在心上。他很少直接劝慰或鼓励，而是用平和的语调，缓缓地为大家讲述自己与往届学生的人生经历，聊到有趣的地方，他也会与同学们一起哈哈大笑。唯愿今后，自己的学生能够乐观面对未来，走出精彩人生。毕业了的师姐聊起这些时依旧十分动容："临近毕业常常感到迷茫和焦虑，跟顾老师聊天能给我们很多宽慰。"

作者简介

杨宗银，浙江大学信息与电子工程学院百人计划研究员。

王元，浙江大学机械工程学院 2021 届研究生。

人物名片

陈红征（1966—　），江西信丰人，中共党员，浙江大学求是特聘教授，高分子科学与工程学系教授，高分子复合材料研究所教工党支部书记，中国化学会会士。先后主持国家杰出青年科学基金、国家自然科学基金重大项目、国家重大科研仪器研制项目、科技部重点研发计划、国家重点基础研究发展计划和国家高技术研究发展计划等20多个国家级和省部级项目。曾获中国化学会青年化学奖、浙江省自然科学奖一等奖和国家教委科技进步奖三等奖，荣获全国创新争先奖状、全国女职工建功立业标兵、浙江省"事业家庭兼顾型"先进个人、浙江省三八红旗手、浙江省巾帼发明者等荣誉称号。

治学严谨、坚韧创新、蔼然可亲

陈红征

　　和陈老师深入接触后，大家评价陈老师时会不约而同地提到两个字——勤奋。从清晨到深夜，总能看见陈老师忙碌的身影，给学生上课、接待来访的学者、撰写基金或项目报告、审阅论文、了解学生的科研进度及个人情况，等等。尽管事务繁忙，但陈老师做事情总能抓住要点，在需要做出决策的时候当机立断，大小事务都被她安排得井井有条。

　　"桃李满天下，春晖遍四方。"陈老师始终坚持以高质量、高标准来培养优秀人才。执教以来，她先后指导了30届本科生，培养了84名研究生，这些人中许多已在各行各业崭露头角，成为业界翘楚、国家栋梁，其中6人入选国家青年人才计划，2人荣获国家杰出青年人才称号。

　　我想，文字是有温度的，文字的力量始终是振聋发聩的，我尝试记录下陈老师的为人、治学、育人、做事，以表达我对她的敬仰与感佩之情。

志之所趋，无远弗届

1978 年，全国科学大会在北京召开，我国科技工作迎来了"科学的春天"，科学的春风自此吹遍神州，也在陈红征心里播下一颗科学的种子。在那个物资尚还匮乏的年代，课外读物稀少而珍贵，但这并未阻止陈红征对知识的渴望。据陈老师回忆，她小时候，学校图书馆里的书都被凌乱地堆进了杂物间，年幼的她经常悄悄地钻到里面找书读，尤其是科幻类读物里描绘的各种奇妙科技，极大地激发了她的好奇心，使她萌生了探索科学奥秘的理想。

陈红征从小热爱运动，从初中起，她就是校运动队的一员，每天早上 5:30 准时起床跑步锻炼身体，风雨无阻。若是碰到雨雪天气，她就在教学楼走廊里来回跑。即使是高三时，因学业繁忙退出了校运动队，她也每天抽出时间锻炼身体。每每回忆起这段日子，陈老师的脸上都会流露出不经意的笑容。长期锻炼的习惯不仅带给陈红征良好的体魄，更造就了她坚持不懈、善始善终的韧性，促使她在后来的科研路上始终如一、勇往直前，对工作和生活充满了干劲与热情。

1984 年，陈红征以优异的成绩考入浙江大学。几年大学生活中，图书馆、教室、宿舍三点一线，是陈红征的常态，虽然单调，但她却乐在其中。在选定毕业设计的课题时，她从导师杨士林先生和汪茫先生那里了解到，国内的有机光电材料研究正处于起步阶段，而这个领域具有广阔的应用前景。这激发了陈红征的兴趣和志向，自此打开了有机光电材料的科研之门。在杨先生和汪先生的指导下，她大胆尝试，通过复合手段，制备了系列性能优越的有机复合光电导材料。基于本科毕业设计所做的工作，她整理发表了 3 篇 SCI 论文，展现出优异的科研素养和潜力。

1995 年，中日有机固体材料会议在浙江大学召开，刚刚留校任教不久的陈红征被安排在会议上作报告。这是她第一次在国际会议上做英文报告，非常紧张，内心很忐忑。在封麟先教授的指导下，她精心准备每一张膜片并熟记其英文表述，会上陈红征流畅的英文报告获得了沈之荃院士的称赞。沈先生的英语很好，她与陈红征分享了每天利用碎片时间听英文、练习口语的诀窍。除此之外，为了及时获取国际学术科研动态，陈红征常常泡在图书馆，潜心研读外文文献。直到现在，

陈红征（前排右四）高中毕业留影

即使工作十分繁忙，她仍坚持利用走路、做家务等碎片时间听英文磨耳朵。

博观而约取，厚积而薄发。在不断的研读中，陈红征愈发认识到国际视野对科学研究的重要性。在科研工作中，陈红征一直非常注重国际合作，先后承担国家基金委重大重点国际合作项目 6 项，组织国际会议 10 次，被邀请参加大型国际会议并做报告 70 余次，担任美国化学会期刊《ACS 应用高分子材料》（*ACS Applied Polymer Materials*）副主编，在国际科研舞台上展现了中国学者的风采。

目前英语仍然是国际学术圈的主要通行语言，掌握纯熟的英语可以更加快捷地获取世界上最新、最前沿的科技进展、学术成果和研究动态。直至现在，陈老师常常以自身为例，不厌其烦地将英语的重要性告诉每一个有志于科学研究的学生，让他们坚持学好英语。陈老师在学生的科研道路规划上也十分注重拓宽学生的国际视野，已先后将十数位优秀学生推荐至国际顶尖学府或课题组深造学习，他们中的大多数人学成回国，已成长为国家级人才，成为有机光电领域独当一面的科研工作者。

"路漫漫其修远兮，吾将上下而求索"是陈老师教授的人生格言。她常说："今天松懈想偷懒一下，那么明天后天就会有第二次、第三次松懈……做任何事情都要学会坚持，不能给自己留一丝偷懒的借口。"科研是既复杂又充满

陈红征（左一）博士毕业照

挑战的工作，陈老师在进行科研时也曾遇到许多阻碍，材料做不出来、效果不理想……一个个问题像一座座大山横亘在她面前，但她从未想过放弃，她坚信："一分耕耘一分收获，成功从来不是一蹴而就的，而是源于坚持和努力。每一次失败都是重新审视、找出问题的机会。"面对这些挑战，陈老师展现了她的坚韧和决心，优秀的品格推动着她在科研的道路上不断前进。

志之所向，无坚不入

陈红征胸怀祖国，放眼世界，积极投身于科学研究工作。1999年陈红征远赴比利时微电子研究中心（IMEC）学习，在那里她接触到了有机电致发光器件和有机太阳能电池，并对新兴的光电材料有了更全面、更深入的认识。

前瞻性的眼光让陈红征认识到新能源的发展前景以及其对国家的战略重要性。能源是经济社会发展的基础支撑，新能源产业是新质生产力的重要组成部分，也是支撑和推动国家新质生产力形成的能源资源基础。"化石能源，总要慢慢消耗掉，汽油也好，石油也罢，以及煤炭、各种天然气，总会用完的。但是只要地球存在，就有源源不断的太阳能资源，取之不尽，用之不竭。"太阳能电池进入了陈红征的视野。太阳能电池材料可以分为有机材料与无机材料两类。有机材料的优势是高光敏性与高吸光度、轻薄、柔性和可溶液加工，而无机材料的优势则

陈红征教授（前排左八）与丹麦的 F. C. 克雷布斯（F. C. Krebs）教授（前排左七）在参加第一届全球有机光伏国际会议时留影

陈红征教授在 E-MRS 国际会议上主持分会报告

是较高的迁移率、稳定性与成熟的技术、市场。抱着将两者优势结合，实现"1+1>2"的想法，陈红征教授开始探索有机无机复合光伏材料的可能性。然而，新材料的研发并非易事，陈老师的学生们都有点泄气，但陈老师知道，创新不是一场能快进的游戏。

在大量探索尝试后，陈老师瞄准了二维钙钛矿，一种新颖的有机无机杂化材料，并在国际上率先将二维钙钛矿应用到太阳能电池领域，研制出国际首例钙钛矿平面异质结太阳电池器件，相关成果于2011年发表在《化学学报》上，并被评为"先驱性进展"。如今，该类材料与太阳能电池器件已成为国际研究的热点。同时，陈老师在有机太阳能电池领域创新性地提出"非稠环电子受体"新概念和"不对称电子受体"设计新思路。她采用多元复合策略，实现了兼具半透明发电和红外反射隔热的多功能有机太阳能电池器件，制备了能量密度创纪录的柔性光伏器件，多次实现当时同类型有机太阳能电池材料与器件和钙钛矿光伏材料与器件的世界最高效率。陈老师带领团队积极促进新型薄膜光伏技术的成果转化，与企业紧密合作，进军分布式光伏产业及提高薄膜太阳电池的稳定性，推动新型薄膜光伏技术的发展。

陈老师的研究始终服务于国家"双碳"战略，加强光伏技术研发和创新，赋能"双碳"目标发展，实现资源的高效利用和碳减排的最大化。同时，作为一名科技工作者，她坚持为高水平科技自立自强贡献自己的力量。

谈及30年的科研经验总结，陈老师认为，科研创新，从0到1的原创很难，更多的是一个由1到多的过程，由1到10再到100，只要能开阔自己的思路，假以时日一定能有成果。她还认为：科研，就应该发掘新质生产力，做出和别人不一样的特色。她在多年的研究中形成了自己的内容——有机复合光电功能材料，通过"1+1>2"的复合思路开辟了光电材料的新领域。

诲人不倦，启智润心

"大学之道，在明明德，在亲民，在止于至善。"作为一名高校教师，陈老师始终坚信，教会学生做人比做好学问更加重要。她认为学生到大学里来学习，首先是要学会做人。知识是工具，掌握知识就可以做一个对社会更有用的人，更重要的是如何运用知识更好地服务国家，造福人民。她希望学生能够德智体美劳全面发展，不仅要培养优秀的科研素质，更要具备良好的个人修养。一个人的科研能力是专业的体现，关乎个人的成就高度；一个人的行为举止是品德的体现，关乎个人的发展广度。对于科研和人生的态度，她并不认同"不拘小节"的说法，而是认为无论是科研创新还是为人处世都要注重细节，细节决定成败。

在陈红征教授看来，学生应当对科学怀有深厚的热情，对科研充满澎湃的激情。在她的眼里，科研不仅仅是对未知领域的探索，更是对个人认知边界的拓展。科研工作往往不是一个人能够完成的，它需要团队合作的力量。因此，她强调，学生不仅需要提高自己的科研技能，更应培养团队合作意识，融入集体中，大家互帮互助，这样才能建立起积极向上的科研氛围，创造出更有价值的科研成果。

陈老师对学生的教导总是尽心尽责，现就职于杭州师范大学的占玲玲是这样回忆陈老师的教导的：修改学生的论文时，陈老师总是面面俱到、字斟句酌，从数据分析到行文表达都悉心批注；当有学生为未来规划而迷茫困顿时，陈老师主动找学生了解情况并提出建议，帮助学生看清未来的发展方向；当学生取得好成绩时，陈老师也不吝夸赞，这种鼓励让学生对科研工作更加充满不断进取的劲头。

现就职于浙江大学高分子系的"百人计划"研究员左立见回想起陈老师的教导也是感慨万千：陈老师常常劝导我们作为科研工作者，必须广泛学习，不能将视野仅停留在国内，还需看到更广阔的世界。日拱一卒，功不唐捐。

受到陈老师的深刻影响，左立见对科研的本质有了更深入的了解，并最终走上了科学研究的道路。在陈老师的引荐下，左立见求学期间先后前往丹麦和美国的有机光电领域的顶尖学者课题组交流学习，毕业后进入华盛顿大学和加州大学洛杉矶分校开展科研工作，接受了国际前沿的学术和科研训练，并取得了诸多成绩。也是在陈老师的感召下，三年博士后工作结束，左立见毅然决定回国，用学到的先进知识与技术经验为祖国的科研事业贡献自己的一份力量。

国之所需，吾之所向。陈老师将个人兴趣与国家需要相结合，心系"国家事"，

陈红征老师荣获第三届"全国创新争先奖"

肩扛"国家责",以真才实学服务人民,以创新创造贡献国家。她赤忱坚定的家国情怀、严谨治学的科研态度和对学生周到细致的人文关怀为学生树立了良好的榜样,如今同样作为一名教师,左立见始终铭记着"立德树人"的教育理念,将优良的品质传承给下一代科技工作者。青云报国志,拳拳赤子心。和左立见研究员一样,李寒莹教授、叶坚教授、石烨研究员、裘伟明博士等国家级人才,也都曾在陈老师课题组学习,又在陈老师的影响下,在海外学习有成后选择了回国投身科教事业。他们踌躇满志,与陈老师一样,以技术立身,在祖国改革发展的伟大实践中为科技强国的目标努力奋斗。

多年来,陈老师在教育领域积累了丰富的经验,培养出了许多优秀的学生。这些学生中,有的在国内外企业中任职,解决着企业生产中遇到的实际问题;有的在各大科研院所里任职,攻克着一项项科学技术难题……看到自己的学生们在各自的领域取得成就,陈老师作为教师的幸福感与成就感油然而生,这也不断激励着她在教育的道路上继续耕耘不息。她希望"路漫漫其修远兮,吾将上下而求索"这句话同样能够激励到更多的青年学子,期望每个人都能有追求、有梦想、

陈红征

161

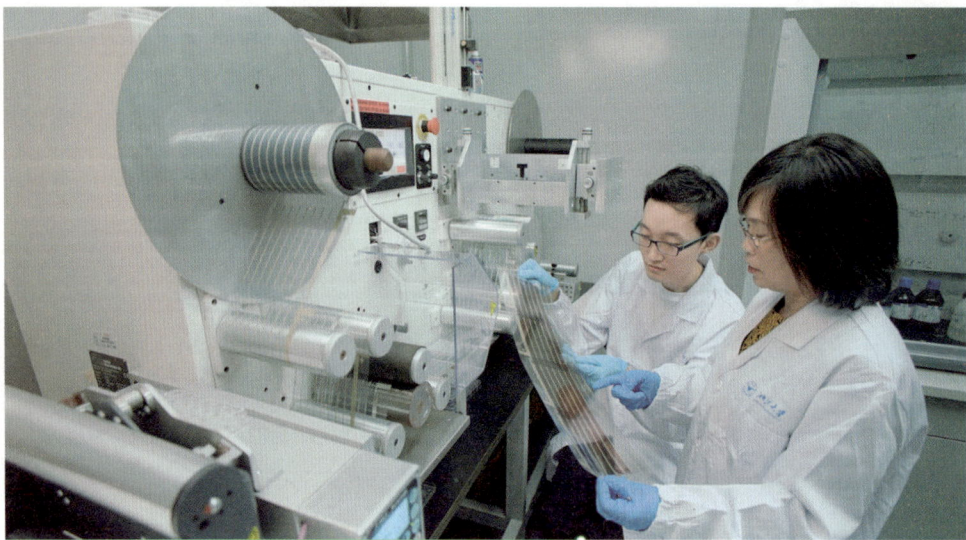

陈红征教授指导研究生实验

有恒心。她相信，只有不断追求、不断进取，人生才能更加精彩，更有意义。

陈老师的一言一行都在向我们传递着一个理念——教育的真正力量，不仅在于传授知识，更在于引导和激发每一位学生的潜能，帮助他们成为有用之才，想国家之所想，急国家之所急，在砥砺奋斗中放飞青春梦想，在奋进新征程中书写人生华章。陈红征教授用自己的行动诠释着教育的真谛，她的教育理念不仅适用于专业领域，更适用于每个人的生活，相信只要坚持不懈，人生必将有所成就。

铸魂育才，党建领航

陈老师自2021年起担任高分子复合材料研究所教工党支部书记以来，一直坚持党建工作和业务工作一起谋划、一起部署、一起推动的工作思路，以红色基因激励和带领党支部成员在科研和教育教学中不断探索前进。在她的积极推动下，高材教工党支部荣获"浙江大学2023年先进基层党组织"荣誉称号，并于2024年入选了第四批全省高校党建项目创建对象和全省高校"双带头人"教师党支部书记"强国行"专项行动团队，展现了党建工作在科研创新和人才培育中的强大动力和深远影响。

　　陈老师坚持党建工作和科研教学不分家的原则，不断促进科研项目的突破与创新。她先后主持了 20 余项国家和省部级的重大重点项目，体现了她在科学研究领域的卓越能力，使她成了党支部全体党员学习的榜样。2023 年，陈老师荣获"全国创新争先奖"和"浙江省自然科学一等奖（第一完成人）"，并且连续入选科睿唯安全球高被引科学家名单，展现了党建工作与科研创新紧密结合的卓越成果。

　　在党员教育和管理方面，陈老师领导的高材教工党支部认真落实"三会一课"制度，强化党内政治生活的政治性、时代性和实效性。通过定期邀请退休老党员讲授党史、党课，支部党员在理论学习中实现了"知行合一"，深化了对党的创新理论和路线方针政策的理解，促进了党员的全面发展。

　　此外，陈老师还高度重视党支部在人才培养中的作用。在她的推动下，支部为不同教职工规划职业成长路径，培养了 2 名国家杰出青年基金获得者，承担了

左立见博士后出站考核合影（从左至右：李寒莹　马於光　刘云圻　汪茫　李永舫　陈红征　王立　左立见）

陈红征教授（前排居中）组织支部成员参观党建教育基地

陈红征教授（前排居中）团队合影

包括国家大飞机发展战略需求下的重大科研项目，以及推动与地方、企业的交流合作项目建设，均体现了党建工作与人才培养、科研创新的紧密结合。陈老师始终以党建工作与科研教学深度融合为工作核心，以实际行动诠释了"铸魂育才，党建领航"的工作理念。在她的带领下，高材教工党支部成员在立德树人、服务国家战略等方面取得了显著成就，为推动学科发展和社会进步作出了重要贡献。

"红军不怕远征难"，面对生活中的各种艰难险阻，陈红征始终笃定信念，以坚韧不拔的意志和拼搏奋斗的精神走出了自己的科研长征路，"红征"二字，不仅仅是一个名字，更是她在生活中、在工作中不断践行伟大的长征精神的真实写照。陈老师以自身的经历诠释着"生命不息、奋斗不止"的真正内涵，始终洋溢着一名科研工作者所独有的气质，爱岗敬业，无私奉献，执着追求。作为一名教师，她提灯引路，潜心育人；作为一名学者，她锐意进取，攻坚克难；作为一名共产党员，她牢记宗旨，严于律己，做表率，当先锋。她治学严谨、坚韧创新、蔼然可亲，是值得我们尊敬的求是大先生！

作者简介

许潇逸，浙江大学高分子科学与工程学系 2021 级研究生，普博三年级在读。

（王晨贺、李心怡、李昊义、赵佳欢、陈健儿等人对本文亦有贡献）

陈红征

人物名片

方文军（1967— ），浙江建德人，
中共党员，浙江大学求是特聘教授，
化学系博士生导师。深耕教育教学和
学生培养30余年，入选教育部首批
课程思政教学名师、示范课程和教学
团队。曾获宝钢优秀教师、浙江省优
秀教师和第五届师德先进个人、高校
优秀共产党员等称号，获浙江大学第
三届青年教师教学技能比赛一等奖，
2022年获浙江大学永平杰出教学贡
献奖。

高山仰止，景行行止

方文军

2022 年，方老师获得浙江大学永平杰出教学贡献奖，我们师门都特别高兴，觉得这份荣誉对于方老师来说实至名归。我们从五湖四海相聚于浙江大学，凝聚在化学系，先后在方老师的教导下成长为合格的浙大人，他短短几年的教诲使我们受益终生。方老师是浙大师生评选出来的求是大先生，也是我们弟子心中高山仰止的"师父"。

潜心教书育人，做传道授业解惑的领头雁

我们曾连续三年担任方老师的课程助教，在此期间体会到了他对教学工作深深的热爱。方老师平日科研任务繁重，但他仍奋战在教学一线，担任本科生"普通化学（H）""物理化学""中级化学实验（Ⅱ）"等课程的任课教师。他常说："学校之所以是学校，老师之所以是老师，是因为有学生。培养学生永远是老师

课堂上的方文军老师

的第一要务。"方老师在教学一线深耕 30 余年，对教学工作倾注了大量的心血。

方老师教授的多是本科生通识课、实验课，讲台下坐着的大多是刚刚跨入校门的新生。如何给专业背景不足的"萌新"们上好课，方老师动足了脑筋。"荷叶上晶莹的小水珠，大家都见过，甚是可爱。可是，你知道为什么水落在荷叶上会呈水珠，而不是像在有的材料上那样渗透进去吗？"方老师引导学生们从物质的本质上看问题。"我们知道水和油是互不相溶的。那么从这个思路想，荷叶表面是由什么物质构成的呢？"方老师提醒大家可通过实验检测相关成分，原来荷叶表面有一层蜡状物，可以保护荷叶不易受外界物质的侵蚀。方老师又发问，为什么成分相似的植物叶子会表现出不同的疏水性呢？原来是由于表面结构不同。以一个大家习以为常的现象为引子，方老师润物细无声地传授给了同学们化学的基本思维和学习方法："组成和结构决定了物质的性质，以后碰到类似的问题，都可以如此入手。"

这样的例子不胜枚举。桌子上的一瓶矿泉水，在普通人眼里是无色无味的，但从化学的角度看，要能"看到"水的分子是什么，这决定了它的性质和变化。深入浅出的讲解看似信手拈来，背后却是方老师经年累月的思索和琢磨。

方文军

基于对中学化学课程的了解，方老师在教学时会非常注重大一课程与高中课程的衔接。"高中到大学是很大的跨越，学生们对很多知识点是'只知其一不知其二'的，需要老师帮助大家厘清似是而非的概念，明白一个结论成立所必须满足的前提条件。"方老师说，"书本上很多内容看看都懂，但要讲深讲透还是要花大量时间，特别是一些深奥的理论，要从大家熟悉的例子讲起，上课要'扣得细'，基础扎实了，化学的思维掌握了，才能像骨科医生那样拥有一双'透视'的眼睛，从现象看到本质。"混合2003班裘小钰同学通过邮件写道："方老师，我很佩服您把化学原理与这么多生活社会现象相结合进行思考。高中时只关注做题，现在我开始明白这才是化学中最神奇的部分。今后我大概不会再学化学了，还是挺舍不得的。感谢方老师让我对化学留下了很美好的回忆。"

学生们都很喜欢方老师的课，也正因为如此，他的课报名人数总是"爆表"，实际选课人数经常超出限定人数的2倍以上。因此做方老师的助教可是个"苦差事"，常常要面对成倍的工作量。由于高考制度改革，有些学生没有选考化学。在教学过程中，如果选择无差别对待学生，势必会使基础相对薄弱的同学在学习上掉队，甚至对其学习兴趣与信心造成打击。针对这个问题，方老师悉心准备了一份"摸底"考试卷，并在开学第一堂课上开考。在试卷的第一页上，除了自己

方文军老师（前排右二）与学生合影

方文军老师在答疑

的学号、姓名，还要列出高中学习过哪些化学课程。这样一来，方老师就能很好地了解学生的化学基础，在日后的教学过程中有的放矢，对需要帮助的学生进行定点帮扶，确保无一人掉队。

"普通化学（H）"课程对无机化学、分析化学、有机化学、物理化学均有涉及，覆盖知识面较广。但由于课时有限，很多知识点在教学过程中无法细讲。这虽然能够让学生在一门课程中学到足够多的化学知识，但也不可避免地导致学生学习压力大、疑惑多。往往上午的课程刚结束，方老师就会被好学的同学们围住，等人群散去，午饭时间也已错过了。"普通化学（H）"课程每周只有 3 个学时，但方老师多年来坚持每周安排 4 个小时现场答疑，与学生交流思想和学习方法，关注学生成长，帮助他们顺利完成从中学到大学的过渡。为了能让上晚课的同学也有机会参加答疑，他常常要等到晚上 10 点多才结束工作。

方文军

尽心服务国防，做铸造国之重器的坚守者

    除了做好本科生教学工作，面对考入他门下的研究生，方老师会向学生介绍团队的研究方向——吸热型碳氢燃料。初见"吸热型碳氢燃料"这个词，我们都觉得很陌生。但当方老师说到高超声速飞行器时，我们瞬间燃起了兴趣。有朝一日能够服务国家战略需求是多少人的梦想啊！没想到我们在求是园里就能梦想成真。

    "对飞行器而言，发动机是心脏，燃料则如同血液。"方老师告诉我们，现代航空航天技术的发展需要高水平、高质量的燃料。为响应发展航空航天技术、解决飞行器推进问题的迫切需求，方老师带领团队以燃料新概念为核心进行基础研究。他目前主持 1 项国家自然科学基金重大科研仪器研制项目，已完成 5 项国家自然科学基金面上项目、10 余项国家重大科技工程专项，将所学所想都倾注

方文军老师在指导学生做实验

课题组为方文军老师（前排左二）庆祝生日

在了大国重器的研制之中。

在我们既好奇又感到陌生的领域，方老师已经深耕了 20 多年，这不仅需要一腔热血，更需要坚守的决心与毅力。据方老师讲述，在他接手前，课题组里的研究已经开展了十几年，这类关系国家重大战略需求的项目需要一代人甚至几代人的长期努力，"十年磨一剑，今日把示君"。"在学校好好学习，在岗位上好好做事，在社会好好做人。不要怕做无用功，力气用完了会回来的……"从高校普通教师到国家重大科技工程专项专家组成员，方老师从未刻意追求过什么，只是秉持初心，做好分内事。方老师经常教导我们，做人不要太功利，把事情做好了自然就会有发展，自然就会得到认可。

开学典礼的洗礼，让我们记住了浙大"求是创新"的校训，也从大量先贤的鲜活事例中对校训有了新的认知，但总觉得还不够深刻。随着接受方老师教诲的增多，我们找到了答案。"你解决了什么科学问题？科学研究的意义是什么？有什么创新点？"我们每个研究课题的产生都要经过方老师这三问的考验。方老师时常叮嘱我们，做学问要求真务实，要敢于当"拓荒牛"，要只问是非，不计利害，要做真正有用的东西。每次组会我们都挺"怕"方老师的，因为我们已经检查过很多遍的 PPT，在他眼里总是"漏洞百出"。他从不吝啬自己的时间，会不厌其烦地指出每一页 PPT 中的缺点和不足，并督促我们改进，每次计划于晚上八点半结束的组会常常得延长至十点钟。

全心立德树人，做培育时代新人的排头兵

1989 年从浙大本科毕业后，方老师放弃免试读研机会，留校担任辅导员，从此与学生工作结下了不解之缘。也正是这两年的辅导员经历，给了方老师很大的启发。

在方老师看来，爱学生就是要关注每一位学生，促进每一位学生成长，帮助每一位学生发展，相比于成绩优秀的学生，其实学业困难的学生更需要老师扶一把、拉一把。化学系专门成立了学生成长发展委员会，方老师担任主任，跟同事们一起帮助学生制订计划，督促他们学习。他说："老师的责任就是要帮助学生成长发展，对待学生要像自己的孩子一样，不能轻言放弃。"化学系的一位学生在邮件中写道："很多时候严格的老师不一定是负责的老师，负责的老师有可能只是把分内工作做好，并不一定真正关心学生。您是一位既严格、负责又真正关心我们的老师！对于我来说，您既是"慈母"也是"严父"。很感谢方老师！"

思想上"补钙"，能力上"充电"。在化学知识之外，方老师把自己的所学毫无保留地教给了大家。课堂上，他从徐光宪院士的科学和教育思想、周厚复先生一家爱校荣校的故事、侯德榜和侄子侯虞钧双院士的家门传承讲起，让学生们从化学前辈那里汲取榜样的力量。竺可桢学院有学生说："方老师讲课清晰易于理解，思政内容融合自然不突兀，比例适中且能加深对课程理解，他教会我们的方法，在化学之外同样十分有效。"比如，可逆过程太抽象，怎么理解？他告诉学生们可逆过程是"思想境界最高的过程"——从做功角度看，可逆过程是系统对外做最大功，环境对系统做最小功，给予得多，索取得少。他把专业内容和课程思政巧妙地结合在一起。方老师领衔的"普通化学（H）"课程于 2020 年入

选校级一流本科课程；2021 年入选浙江省和浙江大学课程思政示范课程，并获浙江省高校课程思政优秀教学案例特等奖；同年，入选教育部首批课程思政示范课程、课程思政教学名师和教学团队；2022 年入选浙江省一流本科课程；2023 年入选国家一流本科课程。

在承担众多国家科研任务的同时，方老师也结合自己的经历教导大家如何把个人成长与国家发展紧密结合起来，积极引导学生把服务国家战略作为最高追求，培养并输送多名研究生到教育部以及航天、核工业等重点领域建功立业。他指导的研究生中有十几位被评为优秀毕业研究生。2020 届博士毕业生、教育部选调生叶灯枫说："方老师不仅是我学术的领航者，更是我人生的领路人。他严谨勤勉的治学态度、向善向上的处事精神犹如灯塔，影响着我，指引着我；亦师亦友的教书育人方式，让人倍感亲切，也让我学到诸多为人处世和待人接物的道理。"2015 届博士毕业生、中国工程物理研究院核物理与化学研究所副研究员岳磊说："在我博士三年级为论文设计一筹莫展时，方老师开阔的思维和独到的学术见解让我茅塞顿开，让我成功找到了突破点，也正是在方老师的指点和鼓励下，我决定将国防作为我一生的事业选择。"

重走西迁路，组织红色之旅，走访国防企业，参加化学竞赛……方老师都和他的学生在一起。一起思考人生，一起面对挑战，一起渡过难关，一起体味成长。

方文军老师（前排右一）带队
走访重点单位

"我没有什么业余爱好，就是喜欢跟学生待在一起。认认真真地做好老师的本职工作，能对学生成长有所帮助，就是我最大的快乐。"即使不是自己门下的学生，即使不是与课程相关的问题，只要学生有需要，方老师都会无微不至地关心、帮助。有一次答疑课，一位学生对于各学科的应用领域不熟悉，对未来选什么专业感到迷茫，便来求助方老师。方老师在回答完其他学生的问题后，与她聊了一个多小时，走出教室的时候已经是晚上十一点多了。

　　爱是付出，爱是无私。化学系有位叫钱璞凡的学生，上了方老师的课后，对科研的兴趣陡增。作为他的专业导师，方老师热心地帮他推荐合适的科研导师，嘱咐他跟着导师好好学习，好好做科研。后来钱璞凡不仅凭借优异成绩进入竺可桢学院求是科学班，而且拿到了竺可桢奖学金，更被评为浙江大学"十佳大学生"。

作者简介

蒋朋飞，浙江大学化学系 2019 级硕士研究生、2022 级博士研究生。

叶虞滢，浙江大学化学系 2017 级本科生、2021 级硕士研究生。

人物名片

陶然（1971—　），江苏南京人，浙江大学文学院教授、博士生导师、浙江大学惟学书院副院长、宋学研究中心主任，中国柳永研究会副会长、中国词学研究会常务理事、中国辽金文学学会理事、全国大学语文研究会副会长，浙江省大学语文研究会会长、浙江省诗词与楹联学会副会长，韩国东国大学东亚海洋文明＆宗教文化研究所客座研究员。曾获浙江省哲学社会科学优秀成果奖一等奖、浙江省高校社科优秀成果奖一等奖、全国宝钢优秀教师奖、浙江大学唐立新教学名师奖、浙江大学永平教学贡献奖等荣誉。

"博雅求是"

陶然

最初对陶然老师的印象来自学校论坛与教评系统上同学们对"宋词经典"课程的众多好评。印象最深的是一位外专业同学的留言："每周的这一百八十分钟，每一分钟都物超所值，是记忆里发着光的片段。慕名而来，尽兴而归。"而当大一真正选上这门课时，我其实还没有上过什么专业核心课，对于中文学科有的也只是浅薄得不能再浅薄的认识，但想象中的古代文学学者的样子和广阔的唐宋文学世界却真切地展开在我眼前。我在此后逐渐确定了对古代文学的兴趣，申请本科科研训练项目的时候，也因此鼓起勇气请求陶老师指导，发出邮件时惶恐许久，所幸陶老师欣然应许。初识陶老师，虽望之俨然，却有着独特的幽默。从本科到研究生阶段，从治学到为人，陶老师给予了我太多的指点和影响，以及鼓励和耐心。他的治学与执教精神，自然也让我深深敬佩。"既注重广拓门径以求博雅，又树立求是学风以求专精"，我想，"博雅求是"的精神传统正是在一代代如陶老师这样的中文学者的言传身教中传承至今。

教评系统中关于陶然老师点赞数量最多的两条评价帖

因趣结缘，以诚治学

陶老师于 1992 年本科毕业后，选定古代文学专业，考取了杭州大学中文系的研究生，成为词学大家吴熊和先生门下最后一届的硕士生，后来又继续随先生攻读博士学位。陶老师曾在一次访谈中说："从我的个人角度来看，我以为一个人对自己人生道路的选择，师长的教诲和帮助是有极其重要的指路作用的。同时对于自己内心真正感兴趣的东西，一定能从中看到希望的萌芽，能够从中得到乐趣。"他将自己最终选择研治诗词的原因归结为内心的兴趣与师长的引路。提到与诗词结缘的过程时，陶老师甚至能够对央求父亲买一本在当时算得上昂贵的《唐诗鉴赏辞典》并围着火炉去阅读的少年经历，以及求学过程中与上一代老师的诸多相处细节如数家珍。①

由此开启学术道路之后，这种兴趣与真诚在陶老师身上也从未减退，而是历久弥新。我曾向陶老师请教如何看待学术研究中坐"冷板凳"的问题，他的回答令人感触颇深：一方面，正如一代代前辈学者所坚持的，"板凳甘坐十年冷，文章不写半句空"，对于古典文学的研究者来说，首先需要面对的是庞大的知识传统以及需要长期进行的文献积累，此时坐"冷板凳"实际上是要下苦功夫将基础打好，坐"冷板凳"是为自己未来的成长、未来的发展铺路的一个重要阶段；另一方面，如果想要终身从事学术研究，坐"冷板凳"却也是一个值得品味的过程，

---

① 见吴繁《且住湖山做散仙——与陶然教授漫谈诗词与治学》，2021 年 3 月 23 日刊于"惟学书院"公众号。

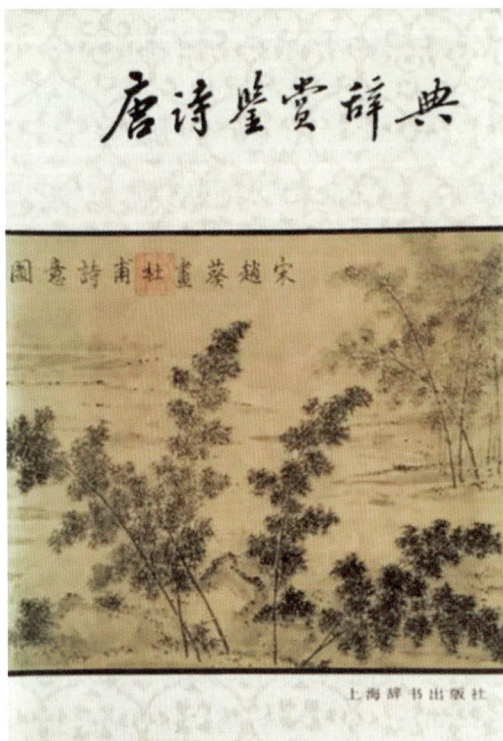

陶老师在访谈中提到的《唐诗鉴赏辞典》

是学习生活中一种并不需要焦虑的存在方式。"真正喜欢这门学问喜欢到骨子里面，大概就会觉得这不是那么冷了。"

陶老师说起这些的时候，眼神的温和一如既往，但我仿佛又能清晰地看到其中的坚定与热诚，也不禁想起老师曾在课堂上带着调侃语气提到，过去，计算机数据库系统并不发达，他读硕士期间常常一早跑去省图书馆，在古籍堆里一翻就是一天，等从文献里抬起头时，闭馆时间就差不多到了。想及此，我每每动容又惭愧。

"不为无益之事，何以遣有涯之生。"中文总被形容为"无用之用"的学问，陶老师则将这种"无用之用"诠释为对自己的"内心之用"。他也正是秉持着这种根植于心的动力，多年深耕于词学与唐宋金元文学领域，将对诗词研究的兴趣践行成为毕生的治学追求，并在《文学评论》《文学遗产》等刊物上发表多篇重要文章。近年来，陶老师已将学术研究领域延伸至东亚古代汉文学，致力于以更丰富、更崭新的视角去观照词学研究。

研教互促，创新课堂

自 1995 年留校任教以来，陶老师已经在浙江大学执教近 30 年。高等学府的教师除了做学术研究，也承担着教学的重要责任。在执教时，陶老师的选择是将研究引入课堂教学，并由此推动教学内容的深化、细化，吸引同学们更深入地进行思考。他认为，在如今的互联网检索条件下，文献获取手段较为便捷，只要学生愿意，要了解学科的知识体系或者众多的公共知识，其实是比较容易的。因此只将从公共平台能够轻易获取的知识传递给学生就变得远远不够，教师提供的课堂教学形式也应当随之更新。

在这样的情况与条件下，教师个人的研究作为一种有个性的成果，如果能够及时在教学中传递给学生，会是一个提高课堂教学效果并对学生产生吸引力的重要途径。教师的个人研究虽然不一定能够达到公共知识的高度，但其中一定蕴含着教师特殊的研究方法与心得。陶老师这样总结他对于这种课堂模式的经验："这样的教学与其说是在传递知识，不如说是在向同学们传递这种想法的形成过程，即一种研究的思路或意识。同时，为了达到这一目的，教师也必须反过来去不断提升自己的科研水平。对于我们浙大的同学而言，我想这样应该是更有价值的。"

而"宋词经典"课程正是陶老师主持建构新型课堂的典型成果之一。"宋词经典"课程于 2016 年左右建设完成，是由陶老师与胡可先老师、咸晓婷老师共同组织的，而他们基本上是浙江大学最早介入到慕课教学和混合式教学的团队。那时正是慕课课程兴起的阶段，陶老师关注到慕课形式刚好可以弥补传统课堂教学受课堂课时、教室容量影响较大的缺陷，同时也可以代为承担知识体系构建的

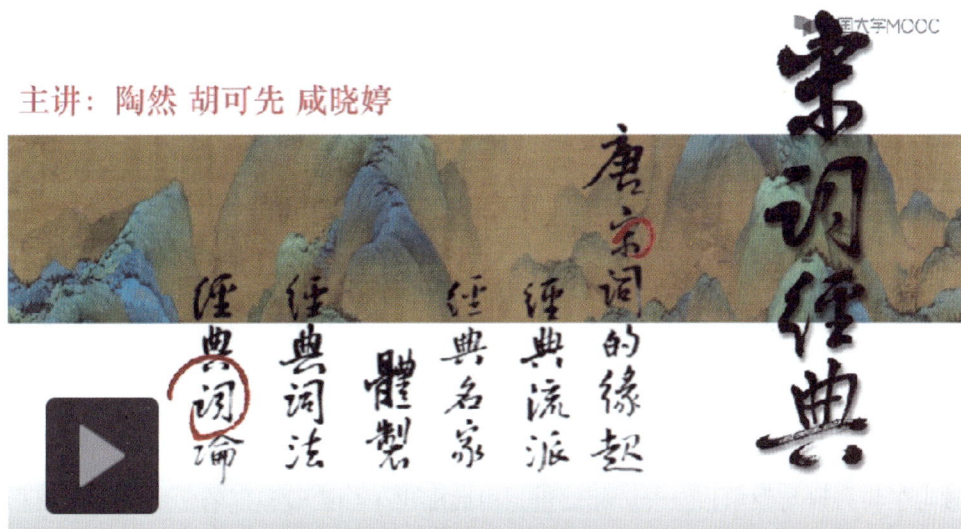

陶然老师主持的国家级一流本科课程"宋词经典"慕课展示页

陶然老师在"宋词经典"课堂上

任务，可以在一定程度上"解放"原本的线下课堂。因此，"宋词经典"课不再是完全按照传统文学史课的知识脉络来讲解，而是常常可以听到老师富有个性的讲述，有时是柳永、姜夔等词人的精彩个案，有时又侧重于词与宋代政治文化的关系，更辅以学生辩论、讨论等富有参与感的课堂形式。这使得课程与课堂教学既保持纵向的知识体系，又兼顾横向的视野拓展。

对于学生而言，这样的课堂则显得更广阔且富有生命力。有一位同学这样形容听"宋词经典"课的感受："课堂上，陶老师用醇厚的嗓音将词史发展娓娓道来，历数一位位词坛大家，从词谈到人，又由人转到词，仿佛打开一坛陈酿，邀请时光隧道另一头的苏轼、李清照、辛弃疾等老友小酌一杯，留下满屋余香。"也正因这样富有创新性的课堂尝试，"宋词经典"被认定为国家级一流本科课程并入选"线上一流金课"。

"闻道名师如名酒，与君一醉一陶然。"在近30年的执教生涯中，陶老师致力于将科研与教学相融合、相促进，由此酿出了如酒般醇郁的学术成果与精彩课堂。

接引后学，薪火相传

"中文系是一个特别'瞻前顾后'的知识专门化教育组织，它本身就充溢着浓重的感念情怀。"[1] 浙江大学的中文学科在一代代研究者的薪火相传中形成了"博雅求是"的独特学术传统，尤其强调师生之间的学术传承。陶老师将这种师生情怀解释为每一代教师接引后学的责任感："我们经常讲到宋代的士大夫的时候，会讲到他们的责任感是'先天下之忧而忧，后天下之乐而乐'。我们身处其中，对自己所身处的单位与学科，其实也常常会有这种责任感。学科发展得好不好，学科的未来怎么样，其实都是我们的责任。如果培养不出好的学生，没有好的后继者，就没有发挥好这样一个作用。"

陶老师提起，在吴熊和先生对他的精神影响中，非常重要的一点就是吴先生的言传身教使他了解到了"我们理想中的学者应该是一个什么样的人"。[2] 他也在许多访谈与纪念文章中感怀于吴先生对学生的谆谆教诲与关心。陶老师不仅在自己的治学中践行着吴先生的教诲，也在对学生的指导中显露出这样温暖的影响。陶老师曾说："师生关系更多取决于教师如何对待学生和学生如何对待老师这样一种双向关系。从前者来讲，一个教师用比较多的精力，或者以比较用心的方式去指导同学，是必要的。而你对学生好，学生一定会知道的，也就会怎么来对待你。我们对自己的老师也是这种感觉。"他也正是如此真诚地指点与关照着我们。陶老师平日里话并不多，但当我们有困惑向他寻求帮助时，不论是具体的学

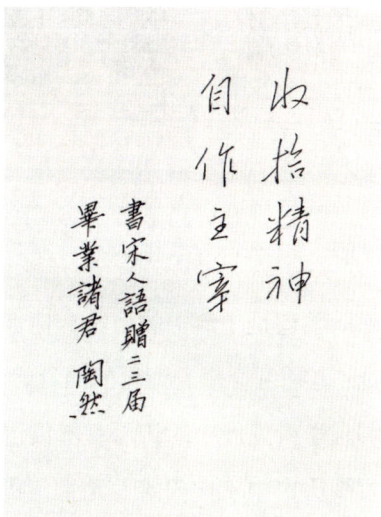

陶然老师给 2023 届本科学生的毕业寄语

---

[1] 引自浙江大学文学院吴秀明教授为《浙江大学中文系系史》丛书（浙江大学出版社，2011 年）作的代序《我心中的浙大中文系》。

[2] 见吴繁《且住湖山做散仙——与陶然教授漫谈诗词与治学》，2021 年 3 月 23 日刊于"惟学书院"公众号。

吴熊和先生（左三）和学生们（左一为陶然老师）

陶然老师（左三）与学生们

术问题还是生活上的困难，他都是有问必答，并且往往一针见血。有时讲到会心处，老师常会带着调侃的语气轻轻一笑，这似乎也渐渐成了他独特的幽默与关切。

　　学科发展中的传承者不仅包括教育者，也包括我们这样的学习者。面对学科发展历史中一代代的大先生，我们在敬佩之余常常不免有一种"高山仰止"的崇敬感以及对未来发展的迷茫焦虑。陶老师则这样回答："其实每一代人都有这种感觉，甚至我们的老师看他们的老师也是这样，这个很自然，没什么好困惑的。所以努力做到自己能够做到的事情，我觉得这样就可以满足了。"并且他还引用吴先生的话来勉励我们："'早熟是值得赞许的，但是晚熟也没有什么不可以'，

陶然老师（左一）与学生们

所以早也罢晚也罢，只要能够走到最后，我觉得都不是大问题。一方面不要妄自菲薄，另一方面也不能止步不前。"

陶老师的身上无疑映射出无数前辈学者的身影。现在，老师的治学精神与处世品格也如此映照在我们身上。正是一代代研究者的精神传承，汇聚成了湖山学脉与两浙文心。

作者简介

全可颖，浙江大学中国古代文学专业 2023 级硕士生。

人物名片

袁瑛（1971—　），浙江省嵊州市人，中共党员，浙江大学医学院教授、博士生导师，恶性肿瘤预警与干预教育部重点实验室副主任，浙大二院肿瘤内科主任。曾荣获"美国南加州结直肠外科医生协会奖"，国家科学技术进步奖二等奖，浙江省科学技术进步奖一等奖，第一届中国肿瘤青年科学家奖，第三届"国之名医"优秀风范奖等。主要从事恶性肿瘤个体化的综合治疗和肿瘤发生发展机制研究。

学为人师，
行为世范

袁瑛

习近平总书记曾就如何做一名好老师提出了四点要求：要有理想信念、有道德情操、有扎实学识、有仁爱之心。[①] 在我心中，袁瑛教授便是这样一位学为人师、行为世范的好老师。

严谨治学，勇担育人使命

起初，我只是耳闻袁老师待学生尽心负责，是肿瘤学领域优秀的临床科学家，因此在申请博士的时候毫不犹豫拜入先生门下。此后，更是对袁老师有了更深的敬意。袁老师曾是浙大第一批试点的七年制医学生，在当年实行淘汰制的高压下她是以第一名的成绩顺利毕业的，博士阶段师从著名肿瘤学专家郑树教授，并先

① 习近平. 做党和人民满意的好老师——同北京师范大学师生代表座谈时的讲话 [M]. 北京：人民出版社，2014.

后在韩国和德国深造，回国后更是科研、临床两头抓。用现在的流行词来形容，袁老师便是"女强人"，不仅对自己要求严格，对我们的培养也是尽心尽力。犹记得刚入师门，来到一个新环境，我难免感到迷茫，袁老师叮嘱师姐"要像我当时教你一样，要毫无保留地教给你的师妹"的话给了我很大的鼓励。很快，袁老师便也为我定下了博士研究方向。

在科研上，袁老师要求我们要研究真问题，着眼临床上的需求，致力于解决实际问题，不可急功近利，更不可弄虚作假。每周一次的汇报和每两周一次的组会，是袁老师定下的规矩。一是希望我们能在适当的压力下自主安排研究生阶段的学习，二是希望在我们需要老师的帮助时能有有效的途径与她沟通。除此之外，袁老师也会根据每位学生的性格特点及学制学位类型，制定不同的培养方案，使每位学生发挥所长，弥补不足。"桃李满袁"团队是袁老师成立的导学团队，其核心价值理念"责任与荣誉"，不仅是团队文化体系的内核，更是支撑团队努力进取的精神力量。

袁瑛老师（右五）参加"桃李满袁"团队导学活动

袁老师先后已培养50余名医学研究生，他们扎根在全国各地的医学岗位上，有的已经是科室主任，有的已经申请到了国家自然科学基金，有的则在国外继续深造。袁老师认为，青年医生是祖国未来医学事业的希望。对于当下的青年医生，她希望大家可以往临床科学家方向发展，并以此作为自己的人生目标。因为如果只是单纯做一名临床医生，面对日复一日的临床工作可能难有大的突破；而单纯从事科研工作，又往往无法获知临床的真正需求，彼时就算花费大量的精力进行研究，也无法为人类疾病的诊疗做出太大的贡献。只有担负起临床科学家的角色才能让自己既了解临床的需求，也可以知道在进行基础研究时采用哪些方法与手段可以帮助解决临床问题。

发现一个病人，拯救一个家庭

在消化道肿瘤领域，袁老师从事遗传性结直肠癌临床诊治、家系管理和致病机制的研究工作已25年有余。这部分病人发病年龄往往较为年轻，无论是病人还是其家人，在确诊后往往会承受很大的心理压力。袁老师曾接诊过一名确诊肠癌的高三学生，在对其家族成员进行检测后才发现他患有家族性的林奇综合征。对于如此年轻的孩子罹患癌症，于医生本人的触动也是极大的。袁老师总想着能为这些病人多做一点。秉持"发现一个病人，拯救一个家庭"的理念，袁老师在遗传性结直肠癌工作上倾注了很多心血。在国内率先建立大规模的中国人遗传性结直肠癌样本库与数据库，在全国范围内开展了三项遗传性结直肠癌多中心临床研究，同时从多中心临床研究中发现并首次报道了结直肠腺瘤性息肉病新致病基因。在国际上首次提出可疑遗传性非息肉病性结直肠癌的诊断标准，成立了中国遗传性大肠癌协作组，并制定中国人遗传性大肠癌诊断标准。她主持编写了中国第一部《遗传性结直肠癌临床诊治和家系管理中国专家共识》并组织开展全国巡讲工作，实现了中国遗传性结直肠癌诊断标准从无到有的里程碑式突破。目前相关研究成果已辐射至全国多家医院，切实对26052例结直肠癌患者进行遗传筛查，筛查出2415例遗传性结直肠癌高风险患者并为他们提供后续的遗传咨询。袁老

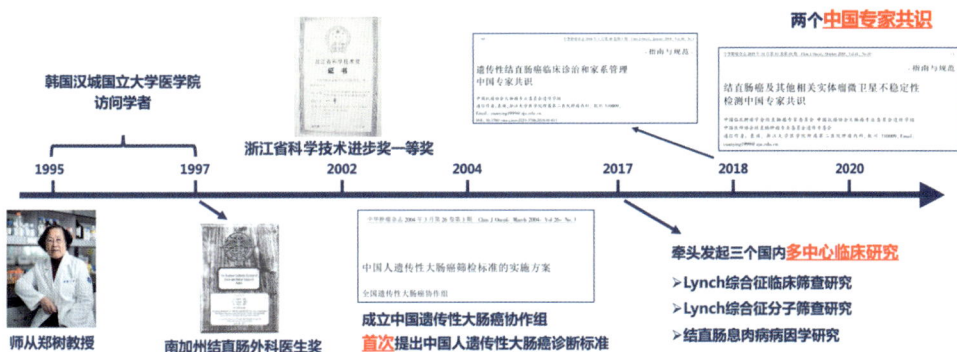

袁瑛老师在遗传性结直肠癌领域所做的工作和成就

师还利用新的辅助生殖技术在胚胎植入前通过遗传诊断实现了阻断致病突变向下一代的遗传，从而改变了一个个笼罩在遗传病阴霾下的家族的命运。

想患者所想，思患者所思

袁老师的本职是肿瘤内科医生。她一周有三个门诊，会安排我们轮流去跟诊。对于常年在实验室的研究生来说，这无疑是学习临床知识的好机会，正是在门诊的时光让我对袁老师、对真正的肿瘤科医生有了更多的认识。袁老师平素较为严厉，由于事务繁忙，大多数时间她都很匆忙，但是老师对待病人却是十分耐心和温和。周一是老师每周忙碌的开始，上午在肿瘤院区坐诊，结束后再驱车来到主院区，常常因为上午结束得晚，中午来不及休息就得开始下午的门诊。我以往去过的诊间，不少资深的教授都是带着学生，由学生将病人的病历资料录入电脑，再由教授来做诊疗决策。而袁老师却非如此，通常会由我们先收集老师诊间的病人病史并汇报给她，每一个病人病史则由老师亲自敲入电脑中。袁老师会一边录入一边梳理病情，不落下任何一个细节，并能很快地理清思路给出诊疗意见。如若我们汇报时有所遗漏或差错，袁老师也会即刻指出，既锻炼了我们的临床思维，也节省了患者的等待时间。

我想如果只是单纯治病，很多医生都能做到，而袁老师不仅仅是看病，更是把病人当成一个"人"来对待。一些年纪较长的病人，习惯用方言与人交流，袁老师也会切换到方言来问清病情。除了关心病人的病情，偶尔也会聊到生活上一些和疾病相关的休养趣闻，时不时患者笑了，袁老师笑了，在旁边的我也笑了。对于一些恢复较好的病人，袁老师总是鼓励他们尽可能地恢复往常生活，做一些想做的事，不要自己把自己当病人。遇到打扮精致、有精气神的病人，袁老师也会夸上几句，病人甚是高兴。

　　我印象比较深的是一位"老"病人（此处的"老"非年龄，意指长期就诊于同一位医生）因为出现耐药需要重新检测基因突变情况。此时他只需要检测某个特定基因，但市面上大多数检测都是同时检测多个基因，费用较高。袁老师不忍心病人多花钱，一边安慰病人"我们试一试还有药可以用"，一边立刻帮忙联系询问是否能检测单个基因。好在问到了，病人眼里满是感激。袁老师曾说："肿瘤不同于普通疾病，通常是一个家庭甚至背后的三个家庭在同其战斗，耗费心血

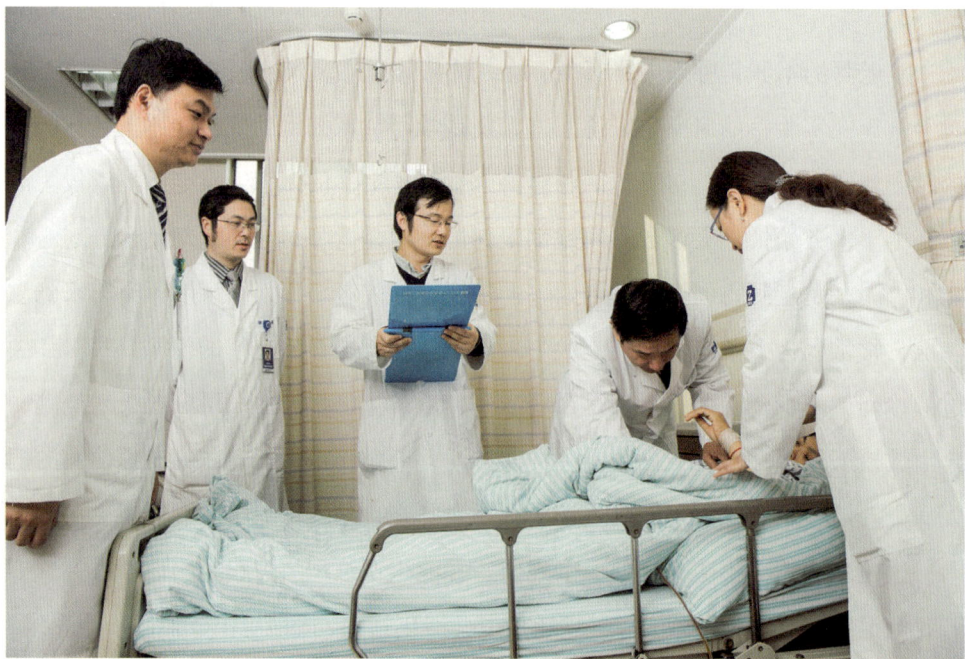

袁瑛老师（右一）和张苏展教授（右二）查房时为患者做体格检查

2019 年袁瑛老师（右四）荣获第三届国之名医优秀风范奖

也耗费金钱。"偶尔也有病人家属由于心急总想着什么检查都要做，什么药都要用进口的，说不在乎钱，只想能尽可能救治。袁老师向来不支持非必要的治疗，即使在这种时候，了解病人看病心切，她还是会耐心地给病人讲解他们的病情和所需。

当医生的成就感莫过于治愈病人，然而对肿瘤内科来说很难谈及治愈，但能让自己的病人尽可能体面地延长生命也是值得骄傲的。"治疗中一定要把病人当成一个有感情、有思想的人来对待，而不是简单粗暴地看看指标、定一个化疗方案就够了，很多时候交流给他们带来的帮助甚至比治疗本身还重要"，这是袁老师在接受采访时的口述。袁老师不仅这般劝慰年轻医生，更是在日复一日的临床工作中身体力行地率先垂范。"老吾老以及人之老，幼吾幼以及人之幼"，年长和年幼的患者往往从疾病治疗到心理治疗都更需要细致的关怀，袁老师常常让我们有空的时候都要到病房去，倾听病人的需求和忧虑，做一些与疾病相关的解释工作，这样做不仅帮患者和家属减轻一些压力，而且病人的一些治疗感受也能教给我们很多书本上学不到的知识。

后来我明白了为何进出诊间的病人那么多，即使排号很晚也不会有病人来催来闹，因为袁老师把最好的耐心、最负责的真心都一视同仁地给了自己的每一个病人。她用高超的医术为患者延续生命，用真挚的爱心温暖每一位患者，用实际行动践行着医者的初心和承诺。

"师也者，教之以事而喻诸德者也。"袁老师的赤诚、仁爱、博学，余虽不能至，然心向往之，定当以老师为榜样，奔赴前进。

作者简介

米迷，浙江大学医学院肿瘤学 2021 级博士研究生。

人物名片

苗青（1978—　），浙江杭州人，
中共党员。浙江大学公共管理学院教
授、博士生导师，美国麻省理工学院
访问学者，新加坡科技设计大学访问
教授，斯洛文尼亚卢布尔雅那大学联
合博导。浙江大学社会治理研究院高
级专家，浙江省人才发展研究院副院
长，浙江大学民生保障与公共治理研
究中心研究员，浙大宁波理工学院商
学院院长。《公共事务杂志》（*Journal
of Public Affairs*）副主编。在国内
外期刊上发表 100 余篇论文，出版专
著 5 部。获得省部级哲学社会科学优
秀成果奖 5 项。

为学常怀家国梦，
育人观通求是情

苗青

　　先生，自古以来就是对有才学者的尊称。2021 年 4 月，习近平总书记在清华大学考察时指出："教师要成为大先生，做学生为学、为事、为人的示范，促进学生成长为全面发展的人。"[①] 浙江大学在 127 年的征程中，培养造就了一大批求是大先生，他们信仰坚定，坚韧不拔，甘为人梯，辛勤耕耘，展现出求是大先生的魅力与风采。而在我的身边，我访学浙大时的导师苗青，正是我心目中新时代的求是大先生。

---

① 习近平. 坚持中国特色世界一流大学建设目标方向为服务国家富强民族复兴人民幸福贡献力量 [N]. 人民日报，2021-04-20（1）.

教书人：学高为师　身正为范

初遇恩师，是我生命中的高光时刻。"学不可以已"，结识良师益友，从初识到深知，再到感佩，他春风化雨般的谆谆教诲，暖人的情怀、格局，仰之弥高，钻之弥坚。

苗青老师一直坚守在教学一线，他教本科生，带硕博生，指导博士后和访问学者，还为 MPA 班学员授课。访学期间，我上了苗老师的"公益慈善""社会冲突管理""危机心理学"等四门课，他或热情洋溢，或滔滔不绝，或循循善诱，或生动有趣，或大道至简的讲课方式，让我重新感受到知识的无穷魅力。

他善于因材施教。对于本科生，他注重激发学生的学习兴趣，培养学生的学习素养并提升其综合能力，讲课内容鲜活生动，充满对学生的期待与关爱。硕博课程他常以成果为导向引领学生深入探究，注重训练学生学术规范及写作能力，如："公益慈善"，他引入大量国内外经典公益慈善案例，有时也会讲他本人和身边人所参与的公益慈善故事，讲得情真意切……"社会冲突管理"，他以社会冲突与管理理论导读和案例分析为主，让学生积极参与探讨，充分发挥学生学习的主观能动性，并让学生分成小组做问卷调查、模型设计和数据分析，并对大家的问卷设计内容、模型建构、数据分析结果及应用逐个把关，最后安排各小组同学做学术汇报并进行评估，以达到学术训练的目的；"危机心理学"，他时常会在课上点评分析自己的研究成果及学生写的优秀论文，最有趣的是他还教大家如何在写作技巧上"炫技"，尤其是论文中制图的方法、图表的色彩选择等。

苗老师的课堂气氛总是轻松活泼，笑声不停，掌声不断，他这种能让学生大笑而本尊不笑的功力，让我感受到了浙大求是大先生的新式"脱口秀"课堂教学魅力。

苗老师的课是一门极美艺术，如行云流水。听他讲课，是一种人生享受。我们不仅听他讲授的知识，而且听思维，听视野，听人生感悟，听一个时代的记忆，听他的努力、成长与拼搏……尤其是还能听到他的个人奋斗史与浙大发展史。

苗老师每天总是忙得没完没了，一如众多浙大人。可他依旧时刻热情满满，毫无疲倦之感。有一次下课我忍不住问他："您天天这么忙，把自己安排得这么紧，真的感觉不累吗？"他竟然说："没有说累的时间，浙大老师基本都这样，只能不断努力前行。"有一次从苗老师电话中得知他晚上正在医院忙着照看生病住院的孩子，谁知到第二天早上，他仍旧来学校开会了。

因为访学，我便跟苗老师有了师生缘分，可以在他身边一点一滴地深切感受他身上那仿佛与生俱来的无穷魅力。苗老师作为社会保障与风险管理系党支部书记和浙大宁波理工学院商学院院长，在浙江大学第十五次党代会作为代表发言时说："身处于这样一个伟大的时代，我们何其有幸能够亲眼见证和亲身建设浙江大学，向着世界一流大学的目标快步前行。"他在会间接受采访时更是发出肺腑感言："习近平总书记对浙江大学的重要指示精神，让我备受鼓舞。我想，我们要以'时时放心不下'的责任感和'一万年太久，只争朝夕'的紧迫感，把有限的生命贡献到无限的教书育人使命之中，为中华民族伟大复兴培育栋梁之材。"

"安身立命之地，信守承诺之心。"2022年11月，浙大博士培养2.0模式启动，100位博士从上万人中脱颖而出，苗老师被学校聘为"浙江大学博士研究生学术新星培养计划'登攀引路人'"。唯宏隆德，情系教育，这是对苗老师教书育人最高的礼赞与认同。

科研人：惜时如金　行为表仪

苗老师做科研就像是艺术家在打造一件精美的艺术品，他认为这是一种很享受很幸福的事情，可以领略学术的无穷魅力！他总是冲锋在前，学术探究是他不懈的追求。

苗老师是学生学术研究的领路人。他带我们出去调研，时间安排很紧凑，每次调研目的都很明确，调研成果一定有所呈现。跟苗老师一起听讲座也是让人难以忘怀的。记得有一次，跟老师坐在一起听讲座，我感觉有点拘束，尤其是边吃午餐边讨论学术的 Lunch talk，苗老师却开导我们说跟老师们边吃饭边讨论，是美食和精神上的共同享受。

苗老师跟他的科研团队有"三同"，即同吃、同办公、同写作，为的是与时间赛跑。每次去他办公室，总是能看到他的硕士生、博士生齐整地在办公室热烈地学习交流着……乐此不疲。好几次我发现他跟学生一起去学校餐厅就餐就是小跑着过去，吃饭时也还在聊科研……

苗老师常对我们讲："路虽远行则将至；事虽难做则必成。"严师益友，桃李天下，他对自己的工作要求极高，对学生也十分严格。

有一次苗老师跟我说要我一周内把一本书的译文校对工作完成，当我去办公室找他交稿时，他竟然放下手里的工作，一页一页地翻着看，哪怕是一个标点符号或一个错别字，他都会注意到，有些重点章节涉及的前沿性问题和敏感性问题，他会更加关注，他强调译文虽然要尊重原文，做到"信达雅"，但更要在学术观点和政治方向上把好关。苗老师求真务实、严谨治学的科研态度无时无刻不影响着我。

苗青老师帮学生修改论文的手稿

犹记得，2023 年 7 月 24 日，正逢暑假期间，他给学生讲学术论文写作规范问题，把已发表的英文期刊论文找来做范例，逐字逐句地读，逐字逐句地讲，还不时把重要的问题和观点写在小黑板上，让大家把重点内容记下来。从早上 8：30 讲到 11：30，又从 12：15 讲到 14：30，然后匆匆忙忙赶去浙大西溪校区开会了。

不同学生用不同的激励方式，这是他的独门绝技，他以此为荣。奖励美食、奖励经费、奖励调研活动……对于我，就是以游学活动作为激励了。"你什么时候写好，我们什么时候组织活动，大家的外出计划，都看你的了"，还鼓励说，"期待看到你的大作。"苗老师的这个激励办法对于我来说拿捏得很到位。正是这样一个又一个"特殊"的激励，触发了我们对苗老师及其学术团队的眷眷深情。

苗老师秉持"研究有用的问题，做有用的研究，探索影响时代发展的最前沿"，致力于共同富裕、公益慈善、第三次分配、志愿者管理、领导力、社会保障、应急管理、公共政策、社会工作等领域的相关研究，携手推进学术与社会深度融合。近年来，苗老师在科研领域硕果累累，先后入选省哲学社会科学领军人才、爱思唯尔 2023 年"中国高被引学者"榜单、全球前 2% 顶尖科学家"年度影响力"榜单，主持国家社科基金重大项目"发挥第三次分配作用促进慈善事业健康发展"等国家级课题 7 项及各类省部级课题 10 余项，在 *Public Administration Review*、*Public Management Review*、*Public Administration* 等国内外期刊上发表 100 余篇论文，出版《迎接第三次分配大时代：大变局中的公益慈善》《社会企业：链接商业与公益》等 5 部专著，获得省部级哲学社会科学优秀成果奖 5 项，牵头主笔的 60 余篇决策咨询报告获得中央主要领导和省部级主要领导的重点关注。其

苗青老师获得 2022 年度向光奖

代表作《迎接第三次分配大时代：大变局中的公益慈善》获得中国社会企业与影响力投资论坛 2022 年度学术向光奖。都市快报、光明网、浙江日报等媒体亦多次对苗老师进行采访报道。

跟着苗老师学习，能够近距离、全方位地了解这位在我心目中最勤奋的新时代浙大求是大先生，他是坚守初心、学术报国的探路者。

板凳需坐十年冷，文章不写半句空。他以探索学问作为自己的乐趣，坐冷板凳需要好奇心，更需要毅力与坚持。"我把工作当成一种乐趣，学术研究就是探索一切的未知，是我生活中必不可少的组成部分。"扫过他办公室静静"站立"或"躺着"的各类获奖荣誉证书，我不由自主即兴创作《无题》送给他："人生慨然又十年，功名荣誉柜中捐。春风还忆峥嵘岁，华月犹兴再向前。"

公益人：赠人玫瑰　手有余香

苗老师参与的公益慈善活动数不胜数，他每年会做十多场公益慈善讲座，也会发表公益慈善相关文章。他会在签书会现场给"书迷们"写上"献给有爱的您"或"迎接属于您的大时代"。

苗老师兼任中国社会保障学会慈善分会理事、浙江省慈善联合总会专家咨询委员会主任等公益职务时，时时不忘践行公益，应邀为多家 AAAAA 级社会公益组织担任发展顾问等职，如绿色浙江、浙江省妇女儿童基金会、浙江省青少年发展基金会等，带领和影响身边更多的人从事志愿服务和慈善行动。他坚信公益让生活更美好，真正践行随手公益、人人公益、指尖公益。

苗老师眉宇间总是透着智慧与善良，温润如玉。他最引以为傲的身份有两个，一是中国共产党党员，二是公益慈善研究者、实践者。

他在接受《中国慈善家》采访时说："为了进一步推动共同富裕示范区建设，浙江省将慈善工作的触角深入到基层一线。"谈起浙江省乃至整个中国的慈善事业发展，苗老师说："民间力量参与慈善公益的意愿也日益高涨。"这些参与必然地拓宽了慈善的边界，也助推了慈善意识在普通民众中的普及。行善的路上，

苗青老师做公益讲座

苗青老师与本文作者在学院合影

苗青老师（前排右二）跟"山凤凰"孩子们在一起

无疑还有更多"善"的可能。

2023年8月4日，"拥抱亚运 '杭'向未来——2023年'山凤凰'研学活动"在浙江大学公共管理学院举办，苗老师在"创新与担当——迈向未来的青年使命"讲座后，一次性捐赠给"山凤凰"孩子们50本书和3000元现金。

他在公益慈善领域的研究与践行始终熠熠生辉，面对各种荣耀，他总是谦逊地说："我只是做了一件自己喜欢的事，我们不仅在理论方面要搞好，而且要服务于社会，服务于国家。"

生活人：爱生如子　亦诗亦歌

生活中的苗老师，是人间一股清流，他不仅对自己的父母孩子总是满满的爱，而且对待他的学生，对学生家的孩子亦是如此。

对于来访学的我，苗老师有时对我是恨铁不成钢，着急的时候就会说："'访问访问访问'，也不'学者'，'访问学者'不光'访问'还做'学者'，你喜欢'访问'，不喜欢'学者'，要多聚焦问题做些研究。"可有时怕我压力大，他又说："目前这个阶段你什么酸甜苦辣没品尝过，什么人生风景没有经历过，只要你感觉幸福就行，不想给你太大压力。"我深知这是苗老师想让我多以成果为导向，多写出高质量的论文或著作。

苗青老师（右四）与访问学者及部分硕士生、博士生在浙江大学门口合影

    每次苗老师组织团队讨论或讲座时总是喜欢让我做总结，其实是给我锻炼的机会。在2023年访问学者结业典礼上，我有幸作为代表上台发言，苗老师知道此事后很高兴，还耐心帮我修改发言稿，哪怕是一个成语的运用。最后我的发言获得与会者的一致好评，我十分开心，他更开心。

    我深感遇到苗老师是我人生一大幸事。诚如苗老师所言，"这里学术氛围很好，能够静下心来沉浸式学习，带着激情与梦想自由飞翔"。他还提醒我说："有空多出去走走，读万卷书行万里路，多长长见识才好。"这让我拥有了一直向往的一种感觉——大鱼前导，小鱼尾随的美好幸福感觉。他贯通中西，旁征博引，大道至简，尤其是国际化视野，旁人难以比拟。他是良师，亦是益友。每次在学习上、生活上遇到什么问题或烦心事，跟苗老师说一说，便能云开雾散，豁然开朗。听君一席话，胜读十年书。

    教师的本心，学者的情怀。苗老师既精通专业知识，做好"经师"，又涵养德行，成为"人师"，努力做精于"传道授业解惑"的"经师"和"人师"的统一者。"心怀国之大者，当以为责任，尽绵薄之力"，他始终胸怀祖国，爱校荣校，心怀为国家事业尽己全力的追求。

关于苗老师的故事太多太多……不论是为学、为事、为人，他都是知行合一、躬亲共学的典范，是引领我前行的明灯，如同浙大漫天星辰中的一颗，闪着温暖的光，照亮许多浙大学子前行的路。

最是一年春好处，我仿佛又回到了梦中的浙大，眼前浮现出一个在 922 办公室里专心致志伏案工作，认真做研究的身影，我心中的新时代求是大先生——苗青。

作者简介

谌娟，2022—2023 年浙江大学公共管理学院访问学者，河南科技大学人文学院教师，中共嵩县县委党校副校长。

（原文部分内容刊发于：2024 年 1 月 12 日《浙江大学报》；2024 年 1 月 15 日浙江大学公共管理学院微信公众号。）